Printed in Spain – Impreso en España

ISBN: 978-84-253-4325-4

Maquetación: estudi claris

Fotocomposición: Compaginem

Depósito legal: TO.810-2009

Impreso y encuadernado en Artes Gráficas Toledo, S.A.U. Toledo

G R 4 3 2 5 4

El libro de los NOMBRES

de la A a la Z

Antonia Dueñas · Paz Lorenzo

Grijalbo

Introducción

La elección del nombre propio de un hijo es una de las primeras decisiones a las que se enfrentan todos aquellos que estrenan paternidad. El hecho de que el nombre acompañe a una persona a lo largo de su vida y le imprima carácter y personalidad, lo convierte en un importante atributo personal que requiere, cuando menos, una detenida reflexión por parte de los futuros padres.

Pero esta decisión, que puede parecer sencilla y personal, no escapa al influjo de las tendencias imperantes en cada época. Hasta hace pocos años, era muy habitual la repetición de los mismos nombres dentro de una familia. Así, generación tras generación, los hijos llevaban el nombre de los padres, de manera que se perpetuaban los linajes y algunos nombres se convertían en auténticos sellos de identidad de las sagas familiares. La dinámica parece haber dado un giro y ahora parecen preferirse nombres que respondan a otro tipo de criterios que poco tengan que ver con la transmisión generacional y, junto con los nombres más clásicos, es normal encontrar en los Registros Civiles de nuestro país otros más originales, curiosos o incluso algo extravagantes.

Asimismo, es muy frecuente la incorporación de nombres extranjeros en las nuevas generaciones. El constante intercambio internacional ha estrechado los lazos interculturales y ningún país es ajeno a la influencia del resto. Nombres que hasta hace poco sonaban extraños en nuestra lengua, están empezando a formar parte de nuestra realidad, con lo que se amplía considerablemente el abanico de posibilidades. La elección de este tipo de nombre responde, en muchos casos, a criterios de sonoridad u originalidad, pero también hay que tener en cuenta dos fenómenos importantes en este sentido: el de la inmigración y el de la adopción.

Los incesantes flujos migratorios entre distintos países han hecho que en todas las poblaciones se asienten auténticas comunidades extranjeras entre las que se mantienen las tradiciones y costumbres. Hoy en día a nadie le extraña encontrar en nuestro país a niños con nombres árabes, japoneses o rusos, puesto que aunque integrados en nuestra sociedad, son muchos los extranjeros que pretender preservar sus raíces.

El fenómeno de la adopción también ha contribuido enormemente a la difusión de nombres extranjeros.

La ampliación de países en los que poder hacer efectiva la adopción se ha reflejado en muchos aspectos de la sociedad, y el registro civil es uno de ellos. En función de la edad de los niños adoptados, muchas familias les cambian el nombre una vez están ya aquí por otros que les resulten más afines y se adapten fonéticamente a su lengua; otras familias, sin embargo, hacen exactamente lo contrario y mantienen el nombre original de los pequeños para evitarles conflictos personales añadidos. De este modo, la lista de nombres de procedencia extranjera que se incorporan al registro aumenta progresivamente.

Otra de las diferencias que más se han manifestado en los últimos tiempos es la preferencia por los nombres simples en detrimento de los compuestos, tan habituales en otras épocas. La costumbre de poner al hijo los nombres de los dos abuelos o abuelas, dando así lugar a un nombre compuesto, se ha ido perdiendo en el tiempo y la tendencia actual refleja un alejamiento de esta tradición.

Teniendo muy presentes todos estos cambios, en esta obra presentamos una selección de nombres femeninos y masculinos lo suficientemente extensa para incluir tanto los más tradicionales como los de nueva incorporación. Todos ellos van acompañados de una serie de datos interesantes que puede hacer decantar la elección en uno u otro sentido: los días en que se puede celebrar la onomástica, la etimología que permite descubrir su procedencia, los hipocorísticos que se derivan de él, la historia de algún personaje real o mitológico representativo de dicho nombre, así como su traducción a las diferentes lenguas del Estado. Con esta información, la elección del nombre ya solo dependerá de consideraciones personales y subjetivas, como los gustos y preferencias de cada uno.

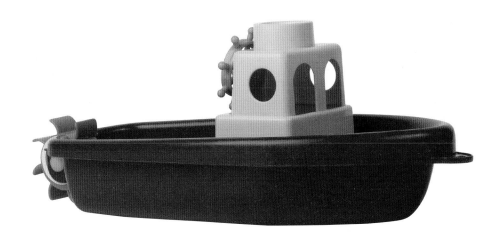

Índice

A

AARÓN

1 de julio (Aarón, santo)

Etimología: Nombre de origen hebreo, al que se le atribuyen diferentes interpretaciones: «luz» o «iluminado», «montañés», «instructor», «intruso», etc.

Historia: Hermano de Moisés, Aarón fue el primer sacerdote del pueblo hebreo. Mientras Moisés subía al monte Sinaí para recibir las Tablas de la Ley, el pueblo le pedía a Aarón un dios más cercano y accesible, que les acompañara físicamente en su camino. Los hebreos empezaron a adorar entonces al becerro de oro, negando al Dios cristiano. La reacción de Aarón no se hizo esperar, e indignado por la actitud de su pueblo, mandó fundir la figura de oro.

Aaró (catalán); **Aron** (euskera); **Aarón** (gallego)

ABEL

5 de agosto (Abel de Reims, santo y arzobispo)
28 de diciembre (Abel, hermano de Caín)

Etimología: Puede proceder del sustantivo asirio *habel*, que significa «hijo», o del hebreo *hevel*, «fugacidad, vanidad, fragilidad».

Historia: Nombre del segundo hijo de Adán y Eva y hermano de Caín. Abel se dedicaba al pastoreo, mientras que Caín era labrador de tierras. Fieles a su espíritu cristiano, ambos solían hacer ofrendas a Dios. Caín se consideraba a sí mismo más digno de la atención del Señor que su hermano. Los celos y la envidia fueron mayores que el amor fraternal y Caín acabó con la vida de Abel.

Abel (catalán); **Abel** (euskera); **Abelardo** (gallego)

ABELARDO

25 de marzo

Etimología: Abelardo se considera una variante de Abel, al que se añade la terminación germánica *hard* «fuerte», que de alguna manera contrarresta el carácter primigenio de Abel, al otorgarle una fuerza de la que carecía.

Abelard (catalán); **Abelardo** (gallego)

ABIGAÍL

Sin onomástica

Etimología: Procede del hebreo *ab-guilah*, que significa la «alegría del padre».

Historia: El Antiguo Testamento cuenta la historia de Abigaíl, mujer hermosa y de carácter tranquilo que se casó con el rey David cuando enviudó de su primer marido, Nabal. Anteriormente había evitado el enfrentamiento entre los dos hombres.

Hipocorísticos: Gail, Abi.

Abigail (catalán); **Abigaíl** (gallego)

ABRIL

Sin onomástica

Etimología: De origen latino, procede del término *aprilis*, que se traduce como «el mes de abril». Más tarde su significado se amplía a «el que recibe el sol en primavera».

Historia: Antiguamente en Roma era habitual designar al bebé con el nombre del mes en que había tenido lugar su nacimiento. Aunque en un principio era utilizado como nombre masculino, en la actualidad ha cambiado de género y se ha convertido en nombre femenino.

Abril (catalán); **Abril** (gallego)

ADA

4 de diciembre (Ada, santa y virgen)

Etimología: Nombre procedente del hebreo *Adah*, que significa «adorno», «ornamento», «belleza». Es un hipocorístico de *Adela* y *Adelina* que en la actualidad ha adquirido entidad propia como nombre.

Historia: El nombre de Ada aparece en la Biblia en varias ocasiones: fue la primera esposa de Esaú, hermano mayor de Jacob, así como una de las dos mujeres de Lamec, uno de los descendientes de Caín.

Ada (catalán); **Ada** (gallego)

ADÁN

29 de julio (Adán, marido de Eva)
23 de septiembre (Adán, santo y monje)

Etimología: Procede del hebreo *adam*, que significa «formado por la tierra», en clara referencia al primer hombre creado por Dios hecho de barro.

Historia: Adán, el primer hombre creado de la mano de Dios, vivió en el Paraíso con Eva, su mujer, hasta que ambos fueron expulsados de allí tras cometer el pecado original. Este consistió en desobedecer los deseos del Señor y sucumbir a la tentación, que adoptó forma de manzana.

Adam (catalán); **Adame** (euskera); **Adán** (gallego)

ADELA

8 de septiembre (Adela, santa y abadesa)

24 de diciembre (Adela, santa)

Etimología: Nombre femenino de origen germánico compuesto por las palabras *ald* «viejo» y *athal*, «estirpe noble».

Historia: Procedente de una familia de la Baja Renania (Alemania), santa Adela nació en el siglo VII. Fue la fundadora y primera abadesa del convento de religiosas de Pfalzel, en la diócesis de Tréveris.

Hipocorístico: Ade

Adela (catalán); **Adele** (euskera); **Adela** (gallego)

ADELAIDA

3 de febrero/5 de febrero (Adelaida de Vilich, santa)

11 de junio (Adelaida de Schaarbeek, santa)

16 de diciembre (Adelaida, santa y emperatriz)

Etimología: Nombre femenino de origen germánico, procede de *adelheid*, que se traduce por «de familia noble».

Historia: Nacida en Francia en el 931, Adelaida se casó en segundas nupcias con Otón I El Grande, y ambos fueron coronados emperadores del Imperio Romano Germánico. Después de morir Otón, Adelaida siguió gobernando durante algunos años, pero cansada de la vida política y las disputas familiares decidió retirarse al convento de Selz, fundado por ella, donde dedicó todos sus esfuerzos a la causa religiosa.

Patrona: Contra las enfermedades de la vista (Adelaida de Vilich)

Adelaida (catalán); **Adelaida** (gallego)

ADOLFO

13 de febrero (Adolfo de Osnabrück, santo)

Etimología: Nombre masculino que proviene del compuesto germánico formado por las palabras *athal*, «familia noble» y *wulf*, «lobo». Probablemente se trate de una metáfora de «guerrero noble».

Historia: Hijo de una familia noble del siglo XII, san Adolfo decidió cambiar las riquezas y el lujo que le rodeaban por el recogimiento y la austeridad, a pesar de las dudas que tenía sobre su verdadera vocación. Más tarde, ya convencido de su camino, sería nombrado obispo de Osnabrück.

Hipocorísticos: Fito

Variantes: Ataulfo, Adulfo

Adolf (catalán); **Adolba** (euskera); **Adolfo** (gallego)

ADRIÁN/ADRIANA

9 de enero (Adrián de Canterbury, santo)

8 de septiembre (Adrián de Nicomedia, santo)

Etimología: Procede del gentilicio latino *hadrianus*, nombre de la familia natural de la ciudad italiana de Hadria, próxima al mar Adriático al que dio su nombre.

Historia: Soldado romano del siglo III, Adrián

sufrió la persecución a los cristianos ordenada por el emperador Galerio. Tras apresarlo, fue objeto de grandes torturas. Su joven viuda recogió sus restos y los llevó a Bizancio, donde recibió sepultura.

Variantes: Adriano

Patrón: De Lisboa, de los soldados, los herreros, cerveceros, guardias de prisiones; contra la muerte repentina y la peste.

Adrià/Adriana (catalán); **Adiran/Adirane** (euskera); **Adrián, Adrao, Adriao** (gallego)

ÁFRICA

5 de mayo (Nuestra Señora de África)

Etimología: De origen incierto, parece ser que procede del griego *aprica* o *aphriko*, que se traduce por «cálido», «caliente».

Historia: Se trata de la advocación mariana que hace referencia a Nuestra Señora de África, cuya imagen se venera en Ceuta. Al igual que otros nombres geográficos, su popularidad se debe principalmente a su evidente exotismo.

Variantes: Africana, Africano, Áfricо

Àfrica (catalán); **Apirka** (euskera); **África** (gallego)

ÁGATA

5 de febrero (Ágata, santa)

Etimología: Nombre femenino cuyo origen deriva del adjetivo griego *agathós*, que significa «buena», «virtuosa». Es también el nombre de una piedra y de una flor.

Historia: Según la leyenda, Ágata era una bella joven cristiana del siglo III que rechazó al gobernador Quintiliano. El gobernador mandó que la encerraran en un calabozo, donde la torturaron. Al día siguiente sus heridas sanaron milagrosamente.

Variantes: Águeda

Patrona: Contra los peligros del fuego, los terremotos, el mal tiempo, el hambre, las enfermedades del pecho, etc.

Àgata, Àgada, Àgueda (catalán); **Agate** (euskera); **Ádega** (gallego)

AGUSTÍN

28 de agosto (Agustín, santo)

13 de septiembre (Agustín de Canterbury, santo)

Etimología: Nombre latino derivado de Augusto, que a su vez procede del término *augustus*, que se traduce por «consagrado a los augures». Su uso se extendió tras la llegada al poder del emperador Octavio, sucesor de Julio César, que ostentó el cargo de «Augusto».

Historia: Considerado uno de los padres de la Iglesia católica, san Agustín sentó muchas de las bases del cristianismo. Nacido en Trieste en el siglo IV, tras unos años de dudas y búsqueda personal, se convirtió al cristianismo y se dedicó por entero a la vida monacal. Con frecuencia ha sido descrito como el escritor más prolífico de la Iglesia.

Patrón: De los teólogos, los impresores de libros, los cerveceros; para la buena vista

Agustí (catalán); **Augustin, Austin** (euskera); **Agostiño** (gallego)

AIDA/AÍDA

2 de febrero (Aida, santa y mártir)

Etimología: Variante del nombre hebreo Ada, que significa «adorno», «ornamento».

Historia: Este nombre se popularizó a partir del estreno, el 24 de diciembre de 1871, con motivo de la inauguración del canal de Suez, de la ópera *Aida* de Giuseppe Verdi. Ambientada en el Egipto faraónico, posiblemente el autor se inspiró en algún nombre árabe para dar mayor realismo a su protagonista.

Aïda (catalán); **Aida** (euskera); **Aida** (gallego)

AINOA/AINHOA

15 de agosto (Virgen de Nuestra Señora de Ainoa)

Etimología: Origen desconocido.

Historia: Nombre femenino de origen vasco procedente de la advocación mariana de la Virgen de Nuestra Señora de Ainoa, venerada en el santuario que lleva su nombre, situado en el País Vasco francés. La popularidad de este nombre vasco ha aumentado considerablemente en los últimos años.

AITANA

Sin onomástica

Etimología: Parece ser que proviene del latín *Edetana*, que podría traducirse por «la montaña de los edetanos», pueblo establecido al norte del río Júcar, en la actual Valencia.

Historia: Este nombre femenino es en realidad el nombre de la montaña más alta de Alicante, situada entre las localidades de Alcoi y Callosa d'en Sarrià, cuyas importantes muestras de arte rupestre levantino halladas en la región fueron declaradas Patrimonio de la Humanidad en 1998.

AITOR

Sin onomástica

Etimología: Nombre masculino de origen vasco derivado del término euskera *aita* que significa «padre».

Historia: Este nombre se atribuye a la legendaria figura de Aitor, el pastor patriarca de los vascos, creada por el autor Joseph Agustín Chaho, en su obra homónima publicada en 1843. Es en la actualidad uno de los nombres masculinos más populares en el País Vasco.

AIXA

Sin onomástica

Etimología: Nombre femenino cuyo origen puede relacionarse con el árabe *asa*, «vivir» o con el hebreo *ixa*, «mujer».

Historia: Segunda esposa de Mahoma. A Aixa, su esposa favorita, se debe la recopilación de las máximas del profeta que ella había oído de viva voz durante los años de convivencia.

Variantes: Aisa, Aisha

Aixa (catalán); **Aixa** (gallego)

ALBA

15 de agosto (Nuestra Señora de Alba)

Etimología: Nombre femenino que procede del latín *alba*, femenino de *albus*, «blanco», que se traduce por «aurora».

Historia: Este nombre, como tantos otros, procede de la advocación de la Virgen María, Nuestra Señora de Alba, venerada en distintas localidades españolas como Iglesuela (Teruel), Villar (Asturias), Manresa (Barcelona), Tàrrega (Lleida) y Luna (Zaragoza). Asimismo se considera un topónimo castellano puesto que existen numerosas poblaciones con dicho nombre, el más famoso de los cuales es Alba de Tormes (Salamanca), de donde procede la imagen de la Virgen.

Alba (catalán); **Alba** (gallego)

ALBERTO

4 de julio (Alberto de Lodi, santo)
15 de noviembre (Alberto Magno, santo)
24 de noviembre (Alberto de Lovaina, santo)

Etimología: Nombre masculino de origen germánico, compuesto por las partículas *athal*, «noble» y *berth*, «brillante», «ilustre». Aunque se trata de una variante de Adalberto, con el tiempo se ha consolidado como la forma más popular de este nombre.

Historia: Alberto Magno, conocido también como Alberto el Grande, fue un destacado sabio, teólogo y filósofo de la Edad Media. Además de la labor eclesiástica llevada a cabo desde su cargo de obispo, destacó por sus enseñanzas en botánica, zoología y ciencias naturales. Uno de sus alumnos más destacados fue santo Tomás de Aquino.

Patrón: De los teólogos, científicos, filósofos, estudiantes y mineros

Hipocorísticos: Beto, Bertín, Tito

Albert (catalán); **Alberta, Alberte** (euskera); **Alberte** (gallego)

ALEJANDRO/ALEJANDRA

26 de febrero (Alejandro de Alejandría, patriarca)

3 de mayo (Alejandro I, santo)

6 de junio (Alejandro de Fiésole, santo)

28 de agosto (Alejandro de Constantinopla, santo)

Etimología: Este nombre procede del griego *aléxandros*, formado por las partículas *aléxo*, «rechazar» o «defender» y *andrós*, «hombre». Su traducción sería, pues, «el que rechaza al hombre» o «el que defiende al hombre».

Historia: En la mitología griega, Alejandro era el sobrenombre del príncipe Paris, hijo de los reyes de Troya, abandonado por su padre en el bosque para evitar que la profecía que le señala como el causante de la destrucción de su pueblo se cumpla. Enamorado de Helena, esposa del rey de Micenas, rapta a su amada con ayuda de la diosa Afrodita desencadenando así la guerra de Troya contra los griegos.

Patrón: De Córcega, Pavía y Génova (san Alejandro Sauli); de las tempestades; contra el dolor de cabeza, contra las hemorragias (san Alejandro Sauli)

Variantes: Alejo, Alexis

Hipocorísticos: Alex, Jandro, Sandro

Alexandre/Alexandra (catalán); **Alexander/Alesandere** (euskera); **Alexandre, Aleixandre, Leixandre, Lisandre** (gallego)

ALEJO

17 de febrero (Alejo Falconieri, santo)

17 de julio (Alejo de Edesa, santo)

Etimología: Probablemente se tratara de un hipocorístico de Alejandro, ya que su etimología es muy parecida. Proviene del griego *alexios*, que se traduce por «el que rechaza» o «el que defiende».

Historia: En torno a la vida de este santo del siglo VI, se creó una leyenda con dos versiones: según la primera de ellas, san Alejo huyó a Edesa (en Turquía) el día de su boda y permaneció allí oculto hasta su muerte viviendo en la más absoluta pobreza. La otra versión explica que al cabo de los años volvió a su casa paterna, pero debido a su aspecto desastrado nadie le reconoció y vivió bajo la escalera de la vivienda hasta el día de su muerte, momento en que fue reconocido por sus familiares.

Aleix (catalán); **Ales** (euskera); **Aleixo** (gallego)

ALFONSO

1 de agosto (Alfonso María de Ligorio, santo)

Etimología: Nombre que procede de un compuesto germánico formado por los términos *hathus*, *all* y *funs*, que se traducen respectivamente por «lucha», «total» y «preparado»; es decir «preparado para la lucha total».

Historia: Alfonso María de Ligorio nació en el siglo XVII en las afueras de Nápoles. Estudió derecho y ejerció la abogacía de manera brillante durante un tiempo, pero tras ganar con su oratoria un proceso judicial injusto cambió radicalmente de vida y se ordenó sacerdote.

Patrón: De los confesores, directores espirituales y teólogos

Hipocorísticos: Fonsi, Sito

Alfons (catalán); **Albontsa** (euskera); **Afonso** (gallego)

ALFREDO

12 de enero (Alfredo, santo)

Etimología: Este nombre procede del germánico *athal frid*, que se traduce por «el gobernante pacificador».

Historia: Monje inglés del siglo XII, autor de diversas obras y abad del monasterio cisterciense de Rievaulx. Bajo su dirección dicho monasterio se convirtió en uno de los centros más importantes de la Orden de toda Inglaterra. Murió el 12 de enero de 1167 y fue canonizado pocos años después.

Alfred (catalán); **Alperda** (euskera); **Alfredo** (gallego)

ALÍ

Sin onomástica

Etimología: Nombre masculino árabe que procede del término *aliy*, que se traduce por «alto», «elevado», atributos de Alá.

Historia: Alí es el nombre del primo y yerno de Mahoma, casado con su hija Fátima. Nombre muy popular entre los musulmanes, en los últimos tiempos y debido al fenómeno de la inmigración, se está extendiendo por todo el continente europeo.

Alí (catalán); **Alí** (gallego)

ALICIA

11 de junio (Adelaida de Schaarbeek, santa)
23 de junio (Alicia de Bourgotte, santa)

Etimología: Dos son los orígenes que se le pueden atribuir a este nombre: la primera etimología correspondería al germánico *adelheid*, «de casta noble», de donde también deriva el nombre Adelaida; la segunda lo relaciona con el griego *alethos*, «real», «verdadero».

Historia: Nacida en el siglo XIII cerca de Bruselas. Santa Alicia (o Adelaida), entró a la temprana edad de siete años en un monasterio cisterciense. A los veintidós años contrajo una enfermedad y se vio obligada a recluirse cerca del monasterio para evitar el contagio.

Hipocorísticos: Ali, Alina

Alícia (catalán); **Alize** (euskera); **Alicia**, **Alís** (gallego)

ALMA

Sin onomástica

Etimología: Nombre femenino que deriva del latín *alere*, que se traduce por «nutrir», «alimentar».

Historia: Este nombre se popularizó en Francia e Inglaterra en el siglo XIX tras la guerra de Crimea, en la que las tropas anglofrancesas derrotaron al ejército ruso en la batalla que se libró en el río Alma. En nuestro país su difusión ha sido algo más tardía, hacia finales del siglo XX, y posiblemente tenga más relación con el simbolismo que encierra esta palabra.

Alma (catalán), **Alma** (gallego)

ALMUDENA

10 de noviembre (Nuestra Señora de la Almudena)

Etimología: Procede del árabe *al-madinat*, «ciudadela», diminutivo del término *madina*, «ciudad».

Historia: Nombre femenino que procede de la advocación mariana de Nuestra Señora de la Almudena, declarada patrona de Madrid en el siglo XVII. Según la historia popular, ante el ataque de los moros en el siglo VIII, la imagen de la virgen fue escondida para evitar que fuera profanada. Tres siglos más tarde, durante la conquista de Madrid, las tropas del rey Alfonso VI la hallaron al destruir una muralla que rodeaba la alcazaba.

Patrona: De Madrid

ALONSO

31 de octubre (Alonso Rodríguez, santo)

Etimología: Originariamente era una variante castellana de Alfonso. En castellano antiguo es frecuente la desaparición de las fricativas y esta forma aparece registrada ya en la Edad Media.

Historia: Nacido en Segovia en 1533, Alonso Rodríguez ingresó en la Orden de los Jesuitas de Palma de Mallorca tras la muerte de su esposa y sus hijos. Desde ese momento su vida fue un ejemplo de austeridad y humildad. Sus experiencias místicas quedaron reflejadas en muchos de sus escritos.

Alontso (euskera); **Alonso** (gallego)

ÁLVARO

19 de febrero (Álvaro de Córdoba)

Etimología: Nombre masculino de procedencia germánica, formado por las partículas *all*, «todo», «completo» y *wars*, «precavido», «prudente». La traducción del nombre sería «completamente precavido».

Historia: Álvaro de Córdoba era un religioso dominico castellano que vivió a finales de la Edad Media en el convento de San Pablo de dicha ciudad. Tras predicar por España e Italia, fue nombrado confesor de la reina Catalina de Lancaster y de su hijo Juan II. Cansado de la vida de la corte, pasó los últimos años de su vida retirado haciendo penitencia.

Àlvar (catalán); **Albar** (euskera); **Álvaro** (gallego)

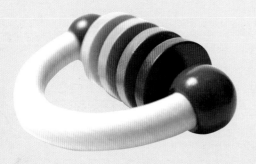

AMADEO

7 de enero (Amadeo, santo)
30 de marzo (Amadeo IX de Saboya, beato)
27 de agosto (Amadeo de Lausana, santo)

Etimología: Nombre masculino que procede del latín *amadeus*, cuya traducción sería «el que ama a Dios».

Historia: Amadeo, el noveno duque de la casa de Saboya, se casó en 1452 a la edad de 17 años con Violante de Valois, la hija del rey francés Carlos VII con la que tuvo nueve hijos. Unos años más tarde sufrió una gravísima enfermedad. Tras sobrevivir milagrosamente, entendió su enfermedad como un aviso divino y a partir de ese momento dedicó toda su vida a obras de caridad y a la creación de fundaciones religiosas.

Patrón: De Saboya

Amadeu (catalán); **Amate** (euskera); **Amadeo** (gallego)

AMALIA

10 de julio (Amalia, santa)

Etimología: Nombre femenino que proviene de la forma griega *ámalos*, «tierno», «débil». Otro posible origen lo relaciona con el germánico *amal*, «infatigable», «enérgico».

Historia: Hija del emperador Pipino, santa Amalia rechazó el matrimonio concertado con Carlomagno. Como prueba de su interés por la vida espiritual, ingresó en el convento de Santa Lantrada de Lieja donde permaneció hasta su muerte ocurrida en el siglo VIII.

Variante: Amelia
Amàlia (catalán); **Amale** (euskera); **Amalia**
(gallego)

AMANDO/AMANDA

6 de febrero (Amando, santo)
18 de junio (Amando de Burdeos, santo)
26 de octubre (Amando de Estrasburgo, santo
y Amando de Worms, santo)
Etimología: De origen incierto, dos son las
etimologías que se le pueden atribuir a este
nombre: puede derivar del germánico *ald-mann*,
«hombre famoso», «hombre ilustre» así como
del latín *amandus*, «el que es digno de
ser amado».
Historia: A san Amando, nacido en Francia en el
siglo VII, se le conoce con el sobrenombre de «El
apóstol de los belgas» por ser en Bélgica donde llevó
a cabo la mayor parte de su labor eclesiástica, entre la
que destaca la fundación de numerosos monasterios
consagrados a san Pedro.
Patrón: De los comerciantes, hospederos y cerveceros
Amand (catalán); **Amand** (euskera)

AMAYA

Sin onomástica
Etimología: Nombre femenino de origen vasco;
aunque se desconoce con exactitud su etimología

parece estar relacionado con el término euskera *aia*,
que significa «declive», «fin».
Historia: Este nombre se popularizó en el País
Vasco a partir de la segunda mitad del siglo XIX,
tras la publicación de una recopilación de leyendas
populares. Una de esas leyendas, de origen medieval,
es la del caballero Teodosio de Goñi, en la que Amaya
aparece como nombre de una princesa vasca.
Maia (catalán); **Maia** (euskera); **Amaia** (gallego)

AMÍN/AMINA

Sin onomástica
Etimología: Nombre de origen árabe, proviene del
término *amín*, que se traduce por «fiel», «honesto».
Historia: Amina, madre del profeta Mahoma, murió
siendo este niño. A la edad de 20 años, tras intervenir
en una batalla tribal en la que dio muestras de sus
conocimientos bélicos, a Mahoma se le conoció con
el sobrenombre de Amín, el «fiel».

AMPARO

8 de mayo (Nuestra Señora de los Desamparados)
Etimología: Nombre femenino que proviene del latín
manuparare, que significa «amparar», «proteger».
Historia: Se trata de un hipocorístico que proviene
de la advocación mariana de Nuestra Señora de los
Desamparados, patrona de Valencia y de Pamplona.
Entre las mujeres valencianas, tradicionalmente este

ha sido un nombre muy frecuente. En la actualidad, sin embargo, como muchos nombres procedentes de las advocaciones de la Virgen, su uso se está restringiendo.

Empar (catalán); **Itzal** (euskera); **Amparo** (gallego)

ANA

4 de marzo (Ana de Jesús)
26 de julio (Madre de María)
11 de diciembre (Ana de San Agustín)

Etimología: Proviene del sustantivo hebreo *hannah*, que significa gracia, compasión, derivado a su vez de *Hananya*, «Dios se ha compadecido».

Historia: Nombre bíblico de la madre de la virgen María. Casada con Joaquín, su matrimonio fue bendecido después de muchos años de esterilidad con la llegada de una hija, que con el tiempo se convertiría en la madre de Jesús.

Variantes: Aina (variante balear), Anaïs

Anna (catalán); **Ane** (euskera); **Ana** (gallego)

ANDRÉS/ANDREA

7 de enero (Andrés Corsini, santo)
4 de julio (Andrés de Creta, santo)
22 de agosto (Andrés de Fiésole, santo)
30 de noviembre (Andrés, apóstol)

Etimología: Este nombre procede del griego *andros*, que significa «viril», «varonil». Hay que señalar que en España Andrea se ha convertido en la forma femenina de Andrés, mientras que en otros países europeos como Italia se utiliza como nombre masculino.

Historia: Al igual que su hermano san Pedro, san Andrés se convirtió en uno de los primeros doce apóstoles de Jesús. Llevó a cabo una labor evangelizadora en diversos países, entre ellos Grecia y Turquía. Como otros muchos cristianos, pagó con su vida la persecución y el martirio de los romanos. Murió crucificado en una cruz en forma de aspa, que desde entonces recibe el nombre de «cruz de san Andrés».

Patrón: De los pescadores, carniceros, mineros; contra la injusticia, la gota, las convulsiones y la erisipela (o enfermedad de san Andrés)

Andreu/Andrea (catalán); **Ander/Andere** (euskera); **André** (gallego)

ÁNGEL/ÁNGELA

5 de mayo (Ángel del Carmelo, santo)
27 de enero (Ángela Merici, santa)

Etimología: Procedente del griego *ánghelos*, que se traduce por «mensajero», es uno de los nombres más difundidos por la tradición cristiana, tanto en su forma masculina como en la femenina.

Historia: Originario de Jerusalén, san Ángel fue miembro de la Orden de los Carmelitas. Su intervención como mediador entre ésta y el Papa fue determinante para la aprobación de la regla.

Murió asesinado en Sicilia en el año 1220 a manos de enemigos de la fe cristiana.

Variantes: Ángeles, Angélica, Angelina, Angelines.

Ángel/Àngela (catalán); **Aingeru**, **Gotzon** (euskera); **Anxo**, **Ànxel** (gallego)

ANIA

31 de agosto (santa Ania)

Etimología: Nombre femenino que procede del término latín *annius*, relacionado con la diosa Anna Perenna, diosa de la luna o del carácter cíclico del tiempo, que renovaba su juventud cada mes.

Historia: Parece ser que santa Ania fue una mártir cristiana del siglo III que vivió en Israel y murió en Cesarea. Se sabe que fue la nodriza de san Mamés, hijo de santa Rufina y santo Teodoto, al que cuidó como hijo propio.

Ània (catalán); **Ania** (euskera); **Ania** (gallego)

ANSELMO

18 de marzo (Anselmo II de Lucca, santo)
21 de abril (Anselmo de Canterbury, santo)

Etimología: Nombre de origen germánico, procede del término *anshelm*, formado por las partículas *ans*, nombre de una divinidad germánica, y *helm*, «yelmo».

Historia: El benedictino Anselmo de Aosta, arzobispo de Canterbury en el siglo XII, es una de las figuras más destacadas de la Iglesia inglesa. Dedicó toda su vida a separar los asuntos eclesiásticos de los políticos y a desligar la Iglesia de la casa real inglesa. Ello le valió la enemistad del rey Guillermo II, a raíz de la cual se vio obligado a partir al exilio. Está considerado, después de san Agustín, el escritor más importante de la Iglesia católica.

Anselm (catalán); **Antselma** (euskera); **Anselmo** (gallego)

ANTONIO/ANTONIA

17 de enero (Antonio Abad)
13 de junio (Antonio de Padua, santo)

Etimología: De origen incierto, su relación con el griego *anthos*, «flor», cada vez se considera menos probable y se tiende a considerar la posibilidad que provenga del gentilicio latino *Antonius*, «digno de alabanza».

Historia: Nacido en Egipto en el siglo IV, a san Antonio Abad se le considera el primer anacoreta del cristianismo. Tras desprenderse de todos sus bienes, inició una vida ascética en el desierto que se caracterizó por su lucha interna contra las continuas tentaciones del diablo, quien se le aparecía bajo la apariencia de serpientes, dragones y todo tipo de animales fantásticos.

Patrón: De los animales domésticos, los cerdos, los carniceros, los pasteleros; contra la peste, las enfermedades, las epidemias de los animales y el fuego

Hipocorísticos: Toni, Tony, Toño, Antón
(masculinos); Tania, Toñi (femeninos)
Antoni/Antonia (catalán); **Andoni,
Antxon/Anthoni, Antxoni** (euskera);
Antón/Antía (gallego)

ARACELI

2 de mayo (Santa María de Araceli)

Etimología: Nombre femenino que proviene del
latín *ara coeli*, que se traduce por «altar del cielo».

Historia: En la religión católica, Araceli hace alusión
a la iglesia de Santa María de Araceli, levantada
en el monte Capitolio de Roma en el mismo lugar
donde se alzaba un templo dedicado a Júpiter. Con
posterioridad a la construcción de la iglesia romana,
surgieron en España numerosas iglesias dedicadas a
Santa María de Araceli, la más famosa de las cuales es
la de Lucena (Córdoba).

Patrona: Del campo andaluz

Araceli (catalán); **Araceli** (gallego)

ARÁNZAZU

9 de septiembre (Nuestra Señora de Aranzazu)

Etimología: Nombre femenino de origen vasco que
proviene del compuesto formado por los términos
ara, «montaña», *antz*, «espino», y *zu*, «abundante».
El nombre se podría traducir por «montaña de
abundantes espinos».

Historia: La virgen de Aranzazu se le apareció a un
pastor cerca de Oñate, encima de un espino, símbolo
del dolor y el sufrimiento de la madre de Dios. En ese
mismo lugar se levantó un santuario donde se venera
la imagen de esta virgen.

Patrona: De Guipúzcoa

Hipocorísticos: Arancha, Arantxa, Arantza

ARIADNA

17 de septiembre (Ariadna, santa)

Etimología: Nombre femenino que deriva del griego
ari-adné, que significa «muy santa».

Historia: Según la mitología griega, Ariadna era la
hija del rey de Creta, Minos, en cuyo palacio vivía un
Minotauro, monstruo con cabeza de toro y cuerpo
de hombre, encerrado en un inmenso laberinto.
Ariadna se enamoró de Teseo, príncipe ateniense, que
para evitar el conflicto entre las dos ciudades decidió
enfrentarse él solo al Minotauro. Ariadna dio un ovillo
de hilo a Teseo que le permitió encontrar el camino
de vuelta en el interior del laberinto tras haber dado
muerte al monstruo.

Variante: Ariana

Ariadna (catalán); **Arene** (euskera); **Ariadna** (gallego)

ARIEL

Sin onomástica

Etimología: Nombre masculino posiblemente de origen hebreo: *ari-el*, que se traduciría por «león de Dios» o también por «altar de Dios» u «hogar de Dios».

Historia: El nombre Ariel aparece ya en la Biblia para designar a un jefe de las tribus israelitas, hijo de Gad. También aparece en el libro de Isaías como nombre simbólico de Jerusalén.

Ariel (catalán); **Ariel** (gallego)

ARMANDO

23 de enero (Armando, santo)
18 de junio (Armando, santo y obispo)

Etimología: Nombre masculino de origen germánico, procede del término *hardmann*, que equivale a «duro», «fuerte».

Historia: Armand du Plessis, más conocido como el cardenal Richelieu, fue un destacado estadista francés del siglo XVI, que influyó de manera decisiva en la vida política de su país. Famoso por su astucia e inteligencia, el cardenal Richelieu dominó a su antojo al monarca Luis XIII y, bajo su reinado, combatió a los protestantes franceses.

Armand (catalán); **Armando** (gallego)

ARNALDO

18 de julio (Arnaldo de Arnoldsweiler, santo)

Etimología: Nombre masculino que proviene del germánico *arnwald*, que se traduce por «águila dominante».

Historia: San Arnaldo actuó en la corte de Carlomagno como cantor y músico (tocaba el arpa y la cítara) hacia el siglo IX. El emperador, en reconocimiento por su labor, le regaló unas tierras situadas al oeste de Colonia que agrupaban una veintena de pueblos. San Arnaldo puso toda su comarca a disposición de los pobres para que pudieran ser atendidos.

Patrón: De los músicos, organistas, fabricantes de instrumentos musicales, para una buena muerte

Arnald (catalán); **Ellande**, **Eñaut**, **Enaut**, **Arnot** (euskera)

ARTURO

1 de septiembre (Arturo, santo)

Etimología: De origen dudoso, no está claro si proviene del griego *arktos-auros*, que se traduciría por «guardián de las osas» en alusión a la constelación de Boyero, muy próxima a la Osa Mayor, o del céltico *artva*, «nube» o «piedra», o del gaélico *artos*, «oso».

Historia: Nacido en Irlanda en el siglo XIII, este mártir se enfrentó a los musulmanes para salvar de la esclavitud a miles de cristianos presos en Oriente. Parece ser que su visita a los Lugares Santos animó su activismo proselitista, que le costó la vida. Murió en Babilonia a manos de los musulmanes, quienes lo quemaron vivo.

Artur (catalán, euskera y gallego)

ASCENSIÓN

40 días después de la Pascua de Resurrección

Etimología: Nombre femenino de origen latino, se relaciona con el término *ascensio*, que se traduce por «subir», «ascender».

Historia: Este nombre hace referencia a la ascensión de Jesucristo a los cielos descrita en los Hechos de los Apóstoles.

Ascensió (catalán); **Egone** (euskera); **Ascensión** (gallego)

ASUNCIÓN

15 de agosto (Asunción de María)

Etimología: Nombre femenino que procede del latín *assumptio*, que se traduce por «atribuir».

Historia: Este nombre proviene de la advocación mariana «la Asunción de María», que hace referencia a la ascensión en cuerpo y alma de la Virgen a los cielos. Nombre muy frecuente en España en la primera mitad del siglo XX, con el tiempo ha caído en desuso.

Hipocorísticos: Asun, Chon, Choni, Sun

Assumpta, **Assumpció** (catalán); **Jasone** (euskera); **Asunta** (gallego)

ASTRID

11 de noviembre (Astrid, santa)

Etimología: Nombre femenino de origen germánico, procede de *anstrut*, que se traduce por «fiel a los dioses».

Historia: Nombre muy común en Escandinavia debido a la figura de santa Astrid, madre del rey de Noruega san Olaf II. Convertidos al cristianismo, la familia real dedicó todos sus esfuerzos a difundir e implantar esta religión en su país.

Variantes: Ástrida, Ástride

Astrid (catalán); **Astrid** (gallego)

AUGUSTO/AUGUSTA

27 de marzo (Augusta, santa)
7 de mayo (Augusto, santo y mártir)
7 de octubre (Augusto, santo y abad)

Etimología: Del latín *augustus*, que se traduce por «consagrado», «venerado». Sobrenombre con el que gobernó el emperador Octavio tras suceder en el trono a Julio César, convertido desde entonces en el título otorgado a los emperadores romanos.

Historia: Paralítico de nacimiento, san Augusto se desplazaba a rastras por el suelo valiéndose para ello de codos y rodillas. Tal era la compasión que inspiraba que recibía limosnas de todo aquel que pasaba a su lado. Y llegó a acumular tal cantidad de dinero que con él construyó una ermita en honor a san Martín.

August/Augusta (catalán); **Augusta** (euskera); **Augusto/Augusta** (gallego)

ÁUREA

19 de julio (Áurea, santa)
4 de octubre (Áurea, santa)

Etimología: Nombre femenino que procede del latín *aurum*, que se traduce por «oro».

Historia: Hermana de san Juan y san Adolfo, santa Áurea fue una mártir española del siglo IX. Tras enviudar, ingresó en un convento de Granada donde permaneció más de veinte años realizando duras penitencias. Fue asesinada por orden de Mohamed, quien mandó degollarla acusándola de haber blasfemado contra Mahoma.

Àurea, **Àuria** (catalán); **Auria** (euskera); **Auria** (gallego)

AURELIO

27 de julio (Aurelio, santo)

Etimología: Este nombre procede del término latino *aureus*, que se traduce por «de color dorado».

Historia: San Aurelio fue un mártir del siglo IX, nacido en Córdoba durante la dominación musulmana. Por orden del califa Abderramán II fue detenido junto a su esposa y unos amigos que celebraban una fiesta cristiana. Fueron condenados a muerte y degollados el 27 de julio del año 852.

Aureli/Aurelia (catalán); **Aurelen** (euskera); **Aurelio/Aureli**a (gallego)

AURORA

15 de septiembre (Nuestra Señora de la Aurora)

Etimología: Nombre femenino que proviene del latín *aurora*, que significa «el alba».

Historia: En la mitología griega, Aurora es la hermana del Sol y de la Luna. Precede el nacimiento del día esparciendo el rocío entre las plantas y ante su presencia desaparecen Morfeo y todas las divinidades de la noche. Se la representa montada en un carro conducida por cuatro corceles de oro.

Aurora (catalán); **Goizargi**, **Goizane** (euskera); **Aurora** (gallego)

AXEL

21 de marzo (Absalón de Lund, arzobispo)

Etimología: Nombre masculino de origen nórdico, se relaciona con el término *asks*, que se traduce por «hacha de guerra». Se trata de una variante del nombre Absalón.

Historia: Absalón o Axel de Lund es una de las personalidades religiosas más influyentes en Dinamarca durante la Edad Media. Fundó numerosos monasterios, entre los que destaca el de Havn, a partir del cual se crearía la ciudad de Copenhague. Murió el 21 de marzo de 1201.

Àxel (catalán); **Axel** (gallego)

AZUCENA

15 de agosto (Nuestra Señora de la Azucena)

Etimología: Nombre femenino de origen árabe, procede del vocablo *as-susana*, que se traduce por «lirio».

Historia: Este nombre procede de la advocación mariana Nuestra Señora de la Azucena, cuya imagen se venera en Nájera, La Rioja.

Assutzena (catalán); **Azucena** (gallego)

29

B

BALDOMERO

27 de febrero (Baldomero, monje)

Etimología: Nombre masculino que procede del germánico *balmir* (*bald-*, «intrépido», y *-mir*, «célebre, reputado») y que se latinizó en *baldomirus*, con diversas variantes: *baldemirus, baldomarus, ballomirus*, etc.

Historia: Nacido en Lyon (Francia), Baldomero trabajó como cerrajero y herrero en su ciudad natal y dedicó toda su vida a ayudar a los más necesitados. Finalmente abrazó la vida monacal y entró a vivir en el monasterio de San Justo. Murió hacia el año 661.

Patrón: De los cerrajeros y los herreros

Baldomer (catalán); **Baldomer** (euskera); **Baldomero** (gallego)

BALTASAR

6 de enero (Baltasar, santo y Rey Mago de Oriente)
18 de septiembre (Baltasar Ravaschieri, beato)

Etimología: *Bel-sar-uzzur*, que significa «el dios Bel —una divinidad oriental— protege al rey», es el nombre asirio del que procede el hebreo *belsazzar*, que acabó latinizándose en Baltasar.

Historia: Junto con Melchor y Gaspar, Baltasar fue uno de los tres Reyes Magos que viajaron de Oriente a Belén, donde había nacido el Niño Jesús, para adorarle y entregarle sus presentes: oro, incienso y mirra. Baltasar, portador de esta última, era el rey negro, representante de los pueblos de raza negra y líbica. Los nombres de los Reyes Magos no aparecen en ningún momento en los Evangelios, pero la Iglesia católica los considera santos.

Baltasar (catalán); **Baldasar** (euskera); **Baltasar** (gallego)

BÁRBARA

4 de diciembre (Bárbara auxiliadora, santa, virgen y mártir)

Etimología: Procede del nombre personal latino *barbara*, que es el femenino de *barbarus*, cuyo origen griego, bárbaros, se traducía como «el que tartamudea o habla con dificultad». Con el paso del tiempo, adquirió el significado de «extranjero», y en la antigua Roma pasó a llamarse *barbarus* a todo aquel que no era ni latino ni griego.

Historia: Según la leyenda, Bárbara, una de las que se conocen como las «tres santas muchachas» —las otras dos son santa Catalina y santa Margarita—, vivió en el siglo III en Nicomedia, la actual Turquía, en una época en la que los cristianos eran víctimas de constantes matanzas y persecuciones.

Patrona: De las tormentas y las niñas, los mineros, arquitectos, carpinteros, fundidores de campanas, bomberos, moribundos, cocineros, carniceros, presos

Bàrbara (catalán), **Barbare** (euskera); **Bárbara** (gallego)

BARTOLOMÉ

24 de agosto (Bartolomé, santo, apóstol y mártir)

Etimología: Procede del nombre latino *Bartholomaeus*, que derivó a su vez de la adaptación griega del sustantivo arameo *bar-talmay* (donde *bar-* significa «hijo», y *Talmay* o *Tolmay* era un nombre propio), por lo que puede traducirse como «hijo de Talmay».

Historia: Bartolomé, llamado Natanael en el evangelio de san Juan, fue uno de los doce apóstoles de Jesús. A este apóstol se le atribuyeron milagros de curación a enfermos y a poseídos.

Patrón: De Frankfurt, Lieja y Maastricht, y de encuadernadores, carniceros, campesinos, panaderos, curtidores; contra las enfermedades nerviosas y dermatológicas

Hipocorísticos: Bartolo, Tolo

Bartomeu, Bartolomeu (catalán); **Bartoloma** (euskera); **Bartolomeu, Bartomeu, Bertomeu, Bértolo** (gallego)

BEATRIZ

29 de julio (Beatriz de Roma, mártir)
16 de agosto (Beatriz de Silva Meneses, santa)

Etimología: Por una parte, se cree que deriva del latín *beatrix* o *beatricis*, que sería la forma femenina del sobrenombre *beator* (del verbo *beare*, «hacer feliz»), que acabó convirtiéndose en apellido. Pero hay quien defiende el latín *viator* o *viatrix* (también apellido romano, que significa «caminante, viajero») como posible origen.

Historia: Hermana de los santos mártires Simplicio y Faustino, cuyos cuerpos fueron arrojados al Tíber y ella recogió y enterró cristianamente.

Beatriu (catalán); **Batirtze** (euskera); **Beatriz, Beta** (gallego)

BEGOÑA

15 de agosto (Nuestra Señora de Begoña)

Etimología: Aunque no se puede asegurar, parece ser que este nombre proviene del vasco *beg-oin-a*, que hace referencia al «lugar dominante de la colina» donde se halla el santuario de esta virgen.

Historia: El santuario de Santa María de Begoña, patrona de Vizcaya, está situado en un cerro desde el que domina la ciudad de Bilbao y sus alrededores, lugar donde apareció la Virgen.

Patrona: De Vizcaya, de los marinos

BELÉN

25 de diciembre (Nuestra Señora de Belén)

Etimología: Nombre femenino derivado del hebreo *betlehem*, que se traduce por «casa del pan».

Historia: Este nombre procede de la advocación mariana de Nuestra Señora de Belén, derivado de la localidad palestina del mismo nombre donde nació Jesucristo. Para los cristianos este nombre se ha convertido en todo un símbolo y forma parte de la tradición navideña alrededor de todo el mundo.

Variante: Belinda

Betlem (catalán); **Ostatxu** (euskera); **Belén** (gallego)

BENITO

11 de febrero, 12 de febrero (Benito de Aniano, santo)
21 de marzo, 11 de julio (Benito de Nursia, santo y fundador de la orden benedictina)
17 de julio (Benito, santo, eremita y mártir)

Etimología: Benito es la forma simple en español del nombre latino *benedictus*, cuyo significado, «ofrendado, bendito», hizo que en las primeras épocas cristianas se popularizara mucho, pues se asoció al bautismo, el sacramento que da la gracia bendita y el carácter de cristiano.

Historia: Autor de la *Regula Benedicti* por la que se han regido las comunidades benedictinas y otras órdenes religiosas, a san Benito de Nursia se le conoce por el «patriarca de los monjes de Occidente».

Patrón: De los escolares, maestros, espeleólogos, moribundos; de Europa y Occidente; contra la fiebre, los cólicos, las inflamaciones y hechicerías

Benet (catalán); **Benat** (euskera); **Bieito** (gallego)

BENJAMÍN

Domingo anterior a Navidad (Benjamín, santo e hijo del patriarca bíblico Jacob)
31 de marzo (Benjamín, evangelizador y mártir)

Etimología: Sus raíces etimológicas se encuentran en el nombre hebreo *benynm*, que significa «hijo de mi mano derecha o hijo predilecto». Más tarde los cristianos adoptaron este nombre con el significado de «el último en nacer».

Historia: Benjamín fue el hijo menor del patriarca bíblico Jacob y de Raquel, que murió como consecuencia de los problemas y dolores sufridos durante el parto. Según se lee en la Biblia, antes de morir Raquel llamó a su bebé Ben-Oni, «hijo del dolor», por los muchos sufrimientos que su nacimiento le había causado. Pero Jacob no quiso estigmatizar a su hijo con semejante nombre y lo llamó Benjamín, «hijo favorito», mostrando así desde el principio el especial cariño que el patriarca sintió por su hijo pequeño.

Benjamí (catalán); **Benkamin** (euskera); **Benxamín** (gallego)

BERNABÉ

11 de junio (Bernabé, santo, apóstol y mártir)

Etimología: Procede del nombre arameo *barnabba*, «hijo de la profecía» o «hijo del profeta», aunque también hay quienes lo traducen como «hijo de la consolación», porque dicen que *nabba*, segundo elemento compositivo del nombre arameo, deriva de *nehama*, «consuelo».

Historia: Su vida se desarrolló a lo largo de la primera mitad del siglo I. Bernabé abandonó todos sus bienes y junto a san Pablo trató de difundir la fe cristiana durante toda su vida. En el año 61 murió lapidado en la isla de Chipre, su lugar de nacimiento, a manos de judíos.

Patrón: De Florencia y Milán; de los bodegueros y tejedores

Benabé, **Bernabeu** (catalán); **Berbaba** (euskera); **Bernabé**, **Bernabel**, **Berabeu** (gallego)

BERNARDO/BERNARDA

14 de abril (Bernardo de Tiron, santo)
20 de agosto (Bernardo de Claraval, santo y doctor de la Iglesia)
4 de diciembre (Bernardo de Parma, santo y obispo de Parma)

Etimología: De procedencia germánica, deriva del nombre *berinhard*, que significa «guerrero audaz, fuerte, valeroso». Se hizo muy popular en España. El uso de su variante, Bernardino, también fue muy extendido.

Historia: Bernardo de Claraval, hijo de familia noble, nació en 1090 en Fontaines-lès-Dijon (Francia), y cuando tenía veintidós años entró en el monasterio cisterciense Cîteaux. Pocos años más tarde fundó el monasterio de Clairveaux (Claraval) y se convirtió en su abad. Hombre conciliador, Bernardo trabajó el resto de su vida por la paz y la unidad de todos los cristianos en unos años en que se experimentaron importantes cismas en el seno de la Iglesia. Llegó a fundar sesenta y nueve monasterios cistercienses.

Patrón: De los cistercienses, de Borgoña y Liguria, de Génova y Gibraltar; contra las enfermedades infantiles, epidemias de animales, tormentas y en la hora de la muerte

Bernard, **Bernat** (catalán); **Beñardo**, **Beiñat** (euskera); **Bernaldo**, **Bernal** (gallego)

BERTA

1 de mayo, 11 de mayo (Berta de Avenay, santa)
4 de julio (Berta de Blagny, santa)

Etimología: Nombre femenino derivado de la raíz germánica *berth*, que se traduce como «radiante, claro, famoso».

Historia: Después de quedarse viuda de Gomberto, que murió mártir mientras predicaba el Evangelio en Holanda, Berta fundó el monasterio de Avenay, situado cerca de Reims, del que fue abadesa. La tradición sostiene que Berta de Avenay murió el 1 de mayo del año 680, asesinada por parientes de su marido que nunca aceptaron que ella hubiera donado su fortuna a los pobres y necesitados.

Patrona: Contra la locura

Berta (catalán); **Berta** (gallego)

BIBIANA

2 de diciembre (Bibiana, santa y mártir)

Etimología: Nombre femenino al que se le atribuyen varias procedencias. Uno de sus posibles orígenes es el nombre latino *vibius* («fosco»), y otro el patronímico *vivianus*, derivado del adjetivo *vivus*, «vivo».

Historia: Bibiana era una muchacha de familia noble y religiosa que vivió en la época del emperador Juliano el Apóstata. La tradición cuenta que Bibiana murió en el año 365, en Roma, cruelmente martirizada al no querer renegar de su fe cristiana.

Patrona: Contra el dolor de cabeza, la epilepsia, el alcoholismo y las convulsiones; para proteger de los accidentes

Hipocorístico: Bibi

Bibiana (catalán); **Bibiana** (gallego)

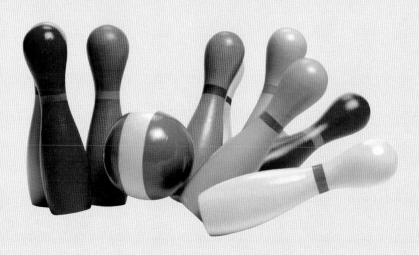

BLANCA

1 de diciembre (Blanca, santa y reina de Francia)

Etimología: La raíz germánica *blank-*, «blanco, brillante», que derivó en el término latino *blancus*, es el antecedente de este nombre.

Historia: Blanca, nacida en Valencia en 1188, se casó a los doce años con el que llegaría a ser Luis VIII, rey de Francia. Actuó como regente tras la muerte de su marido, mientras su hijo, Luis IX, fue menor de edad, y también cuando este partió a una cruzada en 1248. En ambas ocasiones demostró sus grandes dotes de gobierno y su enorme preocupación por las cuestiones sociales, abriendo hospitales y preocupándose de los más pobres y enfermos. Murió en París el 1 de diciembre habiéndose ganado el amor del pueblo francés.

Blanca (catalán); **Zuria**, **Zuriñe** (euskera); **Alba**, **Branca** (gallego)

BLAS

3 de febrero (Blas, obispo de Sebaste, mártir, santo auxiliador)

Etimología: La etimología de este nombre es dudosa. Puede provenir de *blasius*, patronímico romano que deriva de *blaesus*, «tartamudo»; pero también se ha documentado como posible origen el nombre griego *blaisos*, «zambo», «de piernas torcidas».

Historia: San Blas, obispo de Sebaste (Turquía) que murió en el año 316 víctima del martirio, es uno de los santos que gozan de mayor popularidad, gracias a la leyenda que se ha ido gestando con el paso de los años alrededor de su vida. Se le han asociado un gran número de milagros y curaciones, no solo de personas, sino también de animales. Asimismo es un santo muy vinculado a la vida del campo por ser patrón del tiempo.

Patrón: De Dubrovnik, de sastres, curtidores, panaderos, médicos, comerciantes, animales domésticos y caballos, del tiempo; contra la tos, dolor de garganta y de muelas, hemorragias, cólicos y úlceras

Blai, **Blasi** (catalán); **Balas**, **Bladi** (euskera); **Brais**, **Bras** (gallego)

BORIS

2 de mayo (Boris de Bulgaria, santo nacional en Bulgaria)

24 de julio (Boris, santo y mártir)

Etimología: Se le atribuyen diversas procedencias con significados bastante alejados; algunos defienden que su origen se encuentra en el nombre eslavo *borislav*, «magnífico luchador», mientras otros creen que se deriva del búlgaro *bogoris*, «pequeño».

Historia: Boris y su hermano Gleb, hijos del gran duque cristiano ruso Vladímir de Kiev, también santo, realizaron durante varios años una entusiasta misión evangelizadora por tierras rusas. Su hermanastro Swatatopolk los detuvo y los asesinó poco después de la muerte de Vladímir. Fueron canonizados a finales del siglo XI.

Patrón: De Moscú y Rusia
Boris (catalán); **Boris** (gallego)

BORJA

1 de octubre (Francisco de Borja, santo)
Etimología: Es como se conoce abreviadamente a san Francisco de Borja y procede del nombre de una ciudad zaragozana, Borja, que tiene su origen en el término árabe *burs,* «torre».
Historia: San Francisco de Borja, nacido en el seno de una familia noble de Gandía, se vio obligado a hacer carrera política. Casado con Leonor de Castro, con quien tuvo ocho hijos, estuvo en la corte de Carlos V y fue nombrado virrey de Cataluña. No obstante, cuando murió su esposa, abandonó el mundo de la política y se presentó ante Ignacio de Loyola para ingresar en la Compañía de Jesús y dedicarse a la vida monástica. Hizo una gran labor en la Compañía, ya que él fue quien promovió la introducción de los jesuitas en América Central y Sudamérica. Murió el 1 de octubre de 1572.
Patrón: Contra los terremotos
Borja (catalán); **Borxa** (gallego)

BRAULIO

26 de marzo (Braulio, santo y obispo de Zaragoza)
Etimología: No se sabe con certeza cuál es su verdadera procedencia, pero algunos han derivado este nombre masculino del término germánico *brand,*«ímpetu, fuego».
Historia: Durante veinte años san Braulio fue obispo de Zaragoza. Hombre de letras, se dice que fue amigo y discípulo de san Isidoro, a quien ayudó y animó a que terminara sus *Etimologías.* Murió en el año 646.
Brauli (catalán); **Baurli** (euskera); **Braulio** (gallego)

BRÍGIDA

1 de febrero (Brígida de Kildare, santa)
23 de julio, 8 de octubre (Brígida de Suecia, santa)

Etimología: De etimología incierta, este nombre se asocia al término celta *briga*, que significa «asentamiento, población». No obstante, Brígida parece derivar de *brighid*, nombre de la diosa céltica del fuego cuyas virtudes heredó santa Brígida.

Historia: Brígida fue casada a los trece años con Ulf Gudmarson, príncipe de Nerica, con quien tuvo ocho hijos —Catalina de Suecia fue una de ellos. Ella y su marido hicieron juntos el Camino de Santiago, después de lo cual Ulf ingresó en un monasterio. Brígida, que desde muy pequeña había tenido visiones, también se dedicó a la vida religiosa tras la muerte de su esposo. Fundó el monasterio de San Salvador y la Orden de Brígida y, a partir de entonces, se entregó especialmente al cuidado de los más necesitados. Murió el 23 de julio de 1373 y fue canonizada en 1391.

Patrona: De Suecia, de los peregrinos; para bien morir
Brígida (catalán); **Birxita**, **Birkide** (euskera); **Bríxida** (gallego)

BRUNO

18 de julio (Bruno de Segni, santo)
6 de octubre (Bruno el Cartujo, santo)
11 de octubre, 12 de octubre (Bruno de Colonia, santo)

Etimología: No hay un acuerdo absoluto sobre su procedencia; hay autores que defienden que se deriva de la raíz germánica *brun-*, «fosco, moreno», mientras otros creen que *brunne-brunja*,«armadura», es su verdadero origen.

Historia: Bruno, nacido en Colonia en 1030, después de dedicarse a la enseñanza en la escuela catedralicia de Reims durante veinticinco años, donde tuvo alumnos tan destacados como Hugo de Grenoble y el futuro papa Urbano II, optó por la vida ermitaña y se retiró a Chartreuse, un lugar de las montañas de Grenoble. Fue allí donde, en 1084, fundó la Orden de los Cartujos, dedicados a la vida contemplativa.

Patrón: de Bolonia y de los Estados Pontificios; contra la peste
Bru (catalán); **Burnon** (euskera); **Bruno** (gallego)

CALIXTO/CALIXTA

14 de octubre (Calixto I, santo)

Etimología: Nombre masculino que proviene del griego *kállistos*, que significa «bellísimo». Según la mitología, Kállistos era una de las ninfas que acompañaban a Diana; tras ser seducida por Júpiter y transformada en oso a causa de los vengativos celos de su esposa Juno, murió en una cacería y, para compensarla, el dios del olimpo la envió a las constelaciones formando la Osa Mayor.

Historia: San Calixto nació en el último tercio del siglo II, y de esclavo de un cristiano pasó a ser diácono del papa Ceferino, quien le encomendó la administración de las catacumbas de la Vía Apia de Roma. Después le sucedió en el pontificado enfrentándose a Hipólito, el primer antipapa.

Variante: Calisto/Calista

Cal·lixte (catalán); **Kalista** (euskera); **Calisto** (gallego)

CAMELIA

Sin onomástica

Etimología: Nombre femenino procedente del latín *camellus*, que se traduce por «camello».

Historia: En honor a G. J. Kamel (1661-1706), botánico moravo, se bautizó con el nombre de camellia a la planta que introdujo en Europa a finales del siglo XVII cuando regresó del Asia tropical. Se aplica como nombre femenino a causa de la belleza de esta flor inodora, que puede ser de color blanco, rosa o jaspeada.

Camèlia (catalán); **Kamelia** (euskera); **Camelia** (gallego)

CAMILO/CAMILA

14 de julio (Camilo de Lelis, santo)

Etimología: Nombre derivado del latín *camillus*, «ministro», con el que se designaba al niño que participaba en el ritual de culto romano. También era el nombre con el que se conocía a Mercurio en lengua etrusca.

Historia: Nacido el 25 de mayo de 1550, Camilo de Lelis tras dedicarse a servir como soldado y dilapidar su fortuna en el juego, ingresó en la Orden de los Capuchinos, pero tuvo que abandonarla debido a una dolencia en los pies. Fue hospitalizado en Roma donde, después de curarse y trabajar como enfermero, fundó una comunidad religiosa dedicada a la atención de los enfermos que ha perdurado hasta nuestros días: la Orden de los Camilos.

Patrón: De la asistencia sanitaria, los hospitales, enfermeros, enfermos, inválidos y moribundos
Camil/Camila (catalán); **Kamil/Kamile** (euskera); **Camilo/Camila** (gallego)

CANDELARIA

2 de febrero

Etimología: Nombre femenino que proviene del latín *candela*, «vela», relacionado con *candeo*, «candente», «encendido», que a su vez procede de la partícula indoeuropea *kand-*, que se traduce por «ser incandescente», «brillar», «claro».

Historia: Celebración católica, también denominada Fiesta de la Luz, en la que se conmemora la Presentación de Jesús en el Templo y la Purificación de la Virgen, cuarenta días después de Navidad. Dicha celebración se centra en una procesión con candelas benditas encendidas, con las que se acude a misa. Se cree que la fiesta de la Candelaria fue establecida hacia el año 541 por Justiniano I.

Hipocorísticos: Candelas, Candela
Candelera (catalán); **Candeloria** (gallego)

CARINA

7 de noviembre

Etimología: Nombre de pila, versión femenina de Carinos, proviene del griego *xarinos*, que se traduce por «gracioso».

Historia: Nombre relacionado con la comedia dórica, pues así denominaban al personaje que representaba el papel de bufón. Carina es un nombre muy utilizado en Italia, donde además se toma como diminutivo de *caro*, «querido».
Carina (catalán); **Carina** (gallego)

CARLOS/CARLA

5 de enero/7 de enero (Carlos Melchor de Sezze, santo)
4 de noviembre (Carlos Borromeo, santo)

Etimología: Nombre masculino derivado del germánico *karl*, que significa «hombre», «varón» y, por extensión, «viril», «masculino».

Historia: Carlos Borromeo nació en 1538 en el seno de una familia de la nobleza italiana. Era sobrino del papa Pío IV, quien, además de concederle la administración de la archidiócesis de Milán, le nombró diácono cardenal y le designó como su hombre de confianza, pasando así a ser el primer secretario de estado de la Iglesia. Cuando murió Pío IV se trasladó a Milán, donde ejerció una ejemplar labor episcopal aplicando las reformas del Concilio de Trento.

Patrón: De la diócesis de Lugano, los seminarios, las asociaciones difusoras de la literatura religiosa y los consejeros espirituales

Variantes: Carlota (fem.), Carolina, Carola
Hipocorísticos: Lito, Charly

Carles/Carla (catalán); **Xarles/Karla** (euskera);
Carlos/Carla, **Calra/Calros** (gallego)

CARMEN

16 de julio

Etimología: Nombre femenino procedente del hebreo *Karm-el*, que significa «viña de Dios», y de su adaptación al latín *carmen*, «poema», «canto».

Historia: Carmen es la advocación mariana de Nuestra Señora del Carmen, denominación con la que se conoce en España a la Virgen del monte Carmelo. El monte Carmelo, cadena montañosa del noroeste de Israel, ha sido considerado un lugar sagrado desde tiempos remotos; en el siglo IX a.C. fue el lugar donde el profeta Elías convocó al pueblo de Israel; y en el siglo XII se establecieron allí unos monjes devotos de la Virgen del Carmen, es decir, de Nuestra Señora del Monte Carmelo.

Patrona: De los marineros y pescadores

Hipocorísticos: Carmela/Carmelo, Carmina, Maica (de María del Carmen), Menchu

Carme (catalán); **Karmela** (masc.)/**Karmele** (fem.) (euskera); **Carme**, **Carmela**, **Carmiña** (gallego)

CASANDRA/CASANDRO

Sin onomástica

Etimología: Nombre femenino procedente del griego *kassandra*, derivado de las partículas *kasis*, «hermana», y *andros*, «hombre»; se puede traducir, por tanto, por «hermana de los hombres».

Historia: Cuenta la mitología griega que la belleza de Casandra, princesa troyana hija de Príamo y Hécuba y hermana de los héroes Paris y Héctor, cautivó al dios Apolo, quien le otorgó el don de la profecía, pero al verse rechazado por ella condenó sus vaticinios al descrédito. Después de la caída de Troya, formó parte del botín de Agamenón; amante de este, fue asesinada por Clitemnestra.

Cassandra/Cassandre (catalán); **Casandra/Casandro** (gallego)

CATALINA

29 de abril/30 de abril (Catalina de Siena, santa)
25 de noviembre (Catalina de Alejandría, santa)

Etimología: Nombre femenino procedente del griego *katharos*, cuyo significado es «puro», «inmaculado».

Historia: Hija del rey Costus de Alejandría, Catalina vivió en el siglo IV, en tiempos del emperador Maximino Daja. Se sabe que era muy bella y orgullosa, por lo que rechazaba a todos cuantos la pretendían. Un día se encontró con un eremita que le explicó que su verdadero prometido era Jesucristo. Esto hizo que se convirtiera al cristianismo y que se dedicara a defender esta doctrina religiosa, incluso ante cincuenta sabios que Maximino convocó para que refutaran sus ideas y que acabaron por adoptar la fe cristiana. Este hecho enojó al emperador: mandó a la hoguera a los sabios y Catalina fue decapitada.

Patrona: De todos los oficios que tienen que ver con la rueda (carreteros, alfareros, molineros, hilanderas…), los oradores, las muchachas, vírgenes y esposas, los teólogos y filósofos; para encontrar a ahogados; en las migrañas y dolencias de la lengua

Hipocorísticos: Cata, Cati, Cati, Lina

Caterina (catalán); **Katarin, Katerin, Katalin** (euskera); **Catarina, Catuxa** (gallego)

CAYETANO/CAYETANA

7 de agosto (Cayetano de Thiene, fundador de orden)

Etimología: Nombre que proviene del latín *caietanus*, gentilicio de Caieta, puerto de Campania hoy denominado Gaeta.

Historia: Nacido en 1480 en el norte de Italia, Cayetano de Thiene fundó, con el que más tarde sería el papa Pablo IV, la orden de los teatinos, congregación dedicada a promover las reformas de la clerecía. Se trasladó a Nápoles cuando la peste asoló la ciudad, entregándose al cuidado de los enfermos, y allí murió.

Patrón: De Baviera, los teatinos; contra la peste

Gaietà (catalán); **Kaiet** (euskera); **Caetano/Caitan** (gallego)

CECILIA/CECILIO

4 de agosto/9 de junio (Cecilia Romana, beata)
22 de noviembre (Cecilia, mártir)

Etimología: Nombre derivado del etrusco *caecilius*, que significa «corto de vista», «ciego». Los romanos denominaron Caecilia a la *gens* («línea de descendencia masculina») del mítico *Caeculus*, diminutivo de *caecus*, «ciego».

Historia: Los datos sobre la biografía de esta mártir romana del siglo II no están históricamente comprobados. Tampoco está clara su relación con la música, de la que es patrona, pues se cree que se debe a una incorrecta interpretación de las palabras Cantatibus organis que encabezan su oficio. Nos remitimos, por tanto, a la leyenda.

Patrona: De la música, músicos y cantantes, fabricantes de instrumentos musicales y constructores de órganos, los poetas

Hipocorísticos: Ceci, Celi

Cecília/Cecili (catalán); **Kiokille, Zezili, Xixili** (euskera); **Cecilia/Cecilio, Cecia** (gallego)

CELESTE

17 de mayo

Etimología: Nombre procedente del latín *caelestis*, que se traduce por «celeste», «perteneciente al cielo» y, por extensión, «divino», «sobrehumano».

Historia: Celeste era el nombre de la diosa púnica que en la mitología griega era conocida con el nombre de Urania. Hasta el siglo pasado era un nombre utilizado por ambos sexos, aunque en la actualidad, y no existen datos que determinen la causa, se emplea exclusivamente como nombre femenino.

Celest (catalán); **Celeste** (gallego)

CELIA

22 de noviembre

Etimología: Nombre derivado del etrusco *celi*, que significa «septiembre».

Historia: Era habitual entre los romanos asumir términos etruscos para denominar a sus *gens* («línea de descendencia masculina»); así adaptaron *celi* a *Caelius* como nombre de uno de sus linajes. También llamaron Celia a una de las siete colinas de Roma, hoy Lateranense.

Hipocorístico: Celi

Cèlia/Celi (catalán); **Celia/Celio** (gallego)

CÉSAR

15 de abril (César de Bus, beato)

Etimología: Nombre masculino de origen latino que se atribuye a dos términos; por un lado al apelativo *caesar*, que puede traducirse por «de abundante cabellera» o «de larga melena», y por otro a *caedo*, que significa «cortar» y, por extensión, «niño nacido con operación».

Historia: Además de a César de Bus, fundador de la orden de los doctrinarios, cuya vertiente femenina se conoce en nuestros días como ursulinas, cabe destacar a Julio César, primer miembro de la gens Iulia en adoptar este apelativo por haber nacido con el método de abrir (*caedere*) el vientre de la madre. Por su importancia histórica y sus hazañas, su apodo pasó a ser nombre propio, y también común como sinónimo de «emperador».

Cèsar (catalán); **César/Cesarina** (gallego)

CIELO

Sin onomástica

Etimología: Nombre femenino que proviene del latín *caelum*, «cielo».

Historia: Como otros nombres similares, Cielo se ha popularizado en los últimos años por su carácter simbólico. El significado de este nombre es una clara alusión a la inmensidad y la belleza de la bóveda azul y diáfana que rodea la Tierra, la morada de los dioses, la grandiosidad.

Cel (catalán); **Goi** (euskera, se utiliza como nombre masculino); **Ceu** (gallego)

CINTIA

Sin onomástica

Etimología: Nombre femenino procedente del griego *Kynthia*, gentilicio de *Kyntohos* (Cintos), nombre de la montaña mitológica de la isla griega de Delos, lugar de nacimiento de Apolo y Artemisa.

Historia: Cintia es el sobrenombre de Artemisa, diosa de la naturaleza y la caza, conocida en la mitología romana como Diana. Esta diosa nació, al igual que su hermano gemelo Apolo, en esta isla griega.

Cíntia (catalán); **Cintia** (gallego)

CLARA

11 de agosto (Clara de Asís, santa)
17 de agosto (Clara de Montefalco, santa)

Etimología: nombre femenino procedente del latín *clarus*, que significa «claro», «limpio». Inicialmente este término se usaba para designar una cualidad de los sonidos y la voz, pero pasó a aplicarse también en el ámbito visual, como «brillante», «luminoso» y, por extensión, a la persona, como «ilustre».

Historia: Clara nació en Asís en 1194 y pertenecía a una acaudalada familia. Pero el ejemplo de su amigo Francisco de Asís influyó en ella enormemente, llevándola a renunciar a todas sus posesiones y comodidades. Fue el propio Francisco quien le impuso el velo y el hábito de la segunda orden franciscana, que pasaría a ser conocida como la orden de las clarisas. El voto de pobreza marcó la regla de la orden, así como la vida personal de Clara, que pasaría el resto de su vida recluida en el monasterio de San Damiano.

Patrona: De Asís, las clarisas, los doradores, vidrieros y pintores sobre vidrio, cordeleros, lavanderas, bordadoras, la televisión; contra las enfermedades oculares y la ceguera, la fiebre

Clara (catalán); **Garbi**, **Kalare** (euskera); **Clara** (gallego)

CLAUDIA/CLAUDIO

15 de febrero (Claudio de la Colombière, santo)

Etimología: Nombre derivado del latín *claudus*, que significa «cojo». Los romanos denominaron *Claudius* a una de sus *gens* («línea de descendencia masculina»).

Historia: Nacido en 1641 en la localidad francesa de St. Symphorien d'Ozon, Claudio de la Colombière fue uno de los principales promotores de la veneración del Corazón de Jesús. Sus adversarios provocaron su encarcelamiento y posterior destierro, en el que murió en el año 1682.

Hipocorístico: Claudina

Claudi/Clàudia (catalán); **Kauldi** (euskera); **Claudio**, **Clodio/Claudia**, **Clodia** (gallego)

CLEMENTE/CLEMENTINA

23, 24, 25 de noviembre (Clemente I de Roma, santo)

Etimología: Nombre procedente del latín *clemens*, que se traduce por «bueno», «benigno», «dulce».

Historia: De los datos históricos sobre la vida de Clemente I, el único contrastado es que durante su pontificado fue el autor de la conocida *Carta a los corintios*. Lo que no está confirmado, aunque algunas fuentes lo relatan, es que fuera el tercer sucesor de Pedro, que Pablo lo tuviera como discípulo o que sufriera el martirio que cuenta la leyenda.

Patrón: De Sevilla, Crimea, los picapedreros y marmolistas, los sombrereros, los tratantes de mosto, los marinos y barqueros, los niños; contra las enfermedades infantiles, las tempestades, tormentas, temporales y naufragios.

Climent (catalán); **Kelmen**, **Kelemen** (euskera); **Clemente** (gallego)

CLOTILDE

3, 4, 7 de junio (Clotilde, santa)

Etimología: Nombre femenino de origen germánico, relacionado con los términos *hluot*, «gloria», y *hild*, «batalla», que puede traducirse por «ilustre guerrera», «la que lucha con gloria».

Historia: Princesa de Borgoña nacida a finales del siglo v. Por orden de su padre se casó con el rey de los franceses, Clodoveo I. Con su insistencia en que Clodoveo se convirtiera al cristianismo consiguió además un hito histórico, pues con ello no logró únicamente que su marido profesara la fe católica, sino que con él se convertía también la primera estirpe germánica, hecho que supuso el nacimiento del Occidente cristiano.

Patrona: De las mujeres, los notarios, los cojos; para la conservación del marido o la esposa; contra la fiebre y las enfermedades infantiles, la muerte repentina

Hipocorístico: Cloti

Clotilde (catalán); **Clotilde** (gallego)

CONCEPCIÓN

8 de diciembre

Etimología: Nombre femenino procedente del latín *conceptio*, que significa «concepción», «generación». Alude a la Inmaculada Concepción de la Virgen María.

Historia: La Inmaculada Concepción de la Virgen María hace referencia al misterio de origen apostólico que expresa que, por gracia de Dios, María fue preservada de todo pecado desde su concepción. Fue proclamado dogma de fe por el papa Pío IX, aunque ya en el siglo xv Sixto IV extendió su culto en la Iglesia de Occidente.

Hipocorísticos: Concha, Conchi, Conchita, Chita

Concepció (catalán); **Kontxesi**, **Kontxi**,
Kontzeziona, **Sorkunde**, **Sorne** (euskera)

CONRADO

21 de abril (Conrado de Parzham, santo)

Etimología: Nombre masculino que procede
del germánico *kuonrat*, término formado por las
párticulas *kuoni*, «audaz», «temerario», «osado»,
«atrevido», y *rat*, «consejo», «consejero». Puede
traducirse, por tanto, por «consejero audaz»
o «consejo del atrevido».

Historia: Juan Evangelista Birnforfer (1818-1894)
adoptó el nombre de Conrado al recibir los votos
como fraile capuchino. Con la función de atender
a los peregrinos, ocupó el puesto de portero del
monasterio durante cuarenta años, sin faltar a él ni
por enfermedad. Fue muy venerado tras su muerte,
aunque los peregrinos le idolatraban como santo ya
en vida.

Hipocorístico: Conradino
Conrad (catalán); **Korrada** (euskera); **Conrado**
(gallego)

CONSTANTINO

21 de mayo (Constantino I el Grande, emperador)
9 de marzo (Constantino de Cornualles, mártir)

Etimología: Nombre masculino procedente del latín
constantinus, derivado del término *constans*, que
significa «firme», «constante». Es el patronímico de
constantius, es decir, «el que permanece firme».

Historia: Se considera a Constantino I el primer
emperador cristiano, a pesar de no haber recibido el
bautismo hasta hallarse en su lecho de muerte. Nunca
prohibió los ritos paganos e incluso, en los inicios
de su mandato, persiguió a los cristianos. Cuando
confesó haber tenido la visión de una cruz luminosa
su actitud cambió, y se sintió cada vez más atraído por
el cristianismo, realizando importantes donaciones a
la Iglesia.

Variante: Constanza (fem.)
Hipocorísticos: Constancio, Constante, Tino
Constante/Constantina (catalán); **Kostandin/
Kostandine** (euskera); **Constantino/Constantina**
(euskera)

CONSOLACIÓN

15 de agosto

Etimología: Procedente del latín *consolatio*, que
significa «alentamiento», «consuelo», el nombre de
pila proviene de la advocación mariana de Nuestra
Señora de la Consolación.

Historia: Son múltiples los puntos de la geografía
española donde se alzan templos que acogen
imágenes de Nuestra Señora de la Consolación.
Entre ellos cabe destacar Cazalla de la Sierra, Utrera
y Aznalcóllar (Sevilla), Molina de Segura (Murcia),
Altea (Alicante) y Azuaya (Badajoz). La presencia

de estas iglesias explica la alta incidencia de este nombre de pila entre las mujeres de estas zonas.

Hipocorísticos: Consuelo, Chelo, Chelito

Consol (catalán); **Azegiñe** (euskera); **Consolación** (gallego)

COSME

26 de septiembre (Cosme, santo)

Etimología: Nombre masculino derivado del griego *kosmas*, que significa «adornado».

Historia: En los relatos sobre su vida, no confirmados históricamente sino más bien pertenecientes a la leyenda, siempre se le asocia a su hermano, Damián; ambos eran médicos que atendían a los pobres gratuitamente. Durante la persecución a los cristianos ordenada por Diocleciano en el siglo III, los dos hermanos fueron apresados, torturados y decapitados.

Patrón: De los médicos, cirujanos, ortopedistas y traumatólogos, las facultades de Medicina, los farmacéuticos y drogueros, los dentistas, Salamanca, Praga y Florencia, los barberos y peluqueros, las nodrizas, los pasteleros y confiteros, los cereros, los tenderos y los balnearios; contra las epidemias, las enfermedades glandulares, las úlceras y los humores malsanos y contra las enfermedades de los caballos.

Cosme (catalán); **Kosma** (euskera); **Cosme** (gallego)

CRISTINA

24 de julio (Cristina de Bolsena, santa)
24 de julio (Cristina Mirabilis de Bélgica, santa)

Etimología: Nombre procedente del latín *christianus*, que se traduce por «discípulo de Cristo».

Historia: Se cree que santa Cristina de Bolsena nació en esta localidad italiana en el siglo III, en el seno de una familia pagana. Su nodriza la educó en la fe cristiana, y cuando su padre lo supo él mismo la entregó a las autoridades romanas.

Patrona: De Bolsena, los molineros, arqueros y marineros.

Hipocorísticos: Cris, Cristi

Variante: Cristiana

Cristina/Cristí (catalán); **Kistiñe** (euskera); **Cristina/Cristino** (gallego)

CRISTÓBAL

25 de julio/9 de mayo (Cristóbal, santo)

Etimología: Nombre masculino derivado del griego *cristophoros*, término formado por las partículas *cristos*, «Cristo», y *phero*, «llevar»; por tanto, puede traducirse por «portador de Cristo».

Historia: Existen diversas leyendas en torno a este santo auxiliador, pero todas le atribuyen dimensiones gigantescas. Se dice que, gracias a su corpulencia, trasladaba a los peregrinos sobre sus hombros, cruzando el río de una orilla a otra. Pero un buen día, mientras cargaba con un niño, se sintió desfallecer, hasta que el niño le confesó que era Jesús y lo bautizó con el nombre de Cristóbal.

Patrón: De la circulación y los conductores, camioneros y carreteros, los navegantes y marinos, los peregrinos y viajeros, los atletas, los mineros, carpinteros, sombrereros, tintoreros, fruteros, jardineros, hortelanos y encuadernadores de libros, los buscadores de tesoros, las carreteras de montaña, los niños, de los porteadores y las fortificaciones; contra la peste y epidemias, los peligros del fuego y del agua, los temporales y el granizo, la sequía, el hambre y la guerra, la muerte repentina, las enfermedades de la vista, las heridas y el dolor de muelas.

Cristòfol, **Cristòfor** (catalán); **Kristobal** (euskera); **Cristovo** (gallego)

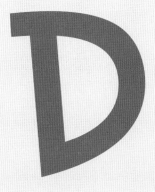

D

DAFNE

Sin onomástica

Etimología: Procede del nombre griego *dáfhe*, derivado del sustantivo griego que significaba «laurel».

Historia: Según la mitología griega, Cupido quiso darle una lección al orgulloso Apolo, y para ello le lanzó una flecha de oro que infundía amor, y a la ninfa Dafne otra que inspiraba odio. Al instante Apolo se sintió atraído por la bella ninfa, pero esta salió huyendo de él. Apolo la persiguió infatigable hasta que Dafne pidió ayuda a su padre, que la convirtió en un laurel. El apasionado dios arrancó algunas ramas del árbol con las que se tejió una corona, que se ha convertido en el símbolo de la perseverancia.

Dafne (catalán); **Dafne** (gallego)

DALIA

Sin onomástica

Etimología: Procede del apellido sueco Dahl, que significa «valle».

Historia: Dahl era el apellido del botánico sueco que a fines del siglo XVIII trajo las dalias —planta y flor se denominan de la misma manera— a Europa desde México. El nombre de esta flor acabó usándose como nombre de pila femenino.

Dàlia (catalán); **Dalia** (gallego)

DÁMASO

11 de diciembre (Dámaso, santo y papa)

Etimología: Procede del nombre de pila griego *Dámasos*, que se cree puede derivar del verbo griego que se traduce por «domesticar, dominar».

Historia: Dámaso, de origen español, nació hacia el año 305 y se convirtió en papa en 366 (Dámaso I). Durante su pontificado se preocupó por revisar la Biblia y encomendó a san Jerónimo una nueva traducción de la misma que ha estado vigente hasta el siglo XX. Murió el 11 de diciembre de 364 en Roma.

Patrón: Contra la fiebre

Damas (catalán); **Damas** (euskera); **Dámaso** (gallego)

DAMIÁN

27 de diciembre (Damián, santo)

Etimología: Nombre masculino de etimología incierta. Algunos autores afirman que puede derivarse del nombre de pila griego Damianós, que se latinizó Damianus y que significa «domador, apaciguador».

Historia: Damián y su hermano Cosme, médicos del siglo III, originarios de Siria, prestaban sus servicios a los pobres de forma gratuita. A ambos se les atribuyen milagros de extraordinarias curaciones.

Patrón (junto con su hermano): De Florencia; de los médicos, farmacéuticos, cirujanos, pasteleros, dentistas; contra las úlceras y las epidemias

Damià (catalán); **Damen** (euskera); **Dámaso** (gallego)

DAN

Sin onomástica

Etimología: Nombre masculino de etimología incierta; se cree que puede derivar del sustantivo hebreo que significa «juez» (*d-n*) o del verbo que se traduce por «juzgar» (*din*).

Historia: Según cuenta el Génesis (30, 1-6), Raquel, deseosa de ser madre y viendo que era estéril, pidió a su esposo Jacob, el patriarca bíblico, que tomara a su esclava Bala como mujer «a fin de que dé a luz sobre mis rodillas y por ella tenga yo hijos». Jacob accedió a sus deseos, y Bala dio a luz a Da, que llegaría a ser patriarca de una de las tribus de Israel.

Dan (gallego)

DÁNAE

Sin onomástica

Etimología: Nombre femenino de etimología incierta. Algunos autores lo asocian con el sustantivo dórico que significa «tierra», mientras otros creen que procede del adjetivo griego utilizado con el significado de «árido, yermo, baldío».

Historia: Acrisio, rey de Argos, al saber a través de un oráculo que sería asesinado por su nieto, encerró en una torre de bronce a Dánae, su única hija, para impedir que esta se casara con alguno de sus muchos pretendientes. Pero el dios Zeus se transformó en lluvia de oro para poseer a la princesa.

Dánae (gallego)

DANIEL/DANIELA

10 de octubre (Daniel de Calabria, santo)
11 de diciembre (Daniel Estilita, santo)

Etimología: Nombre derivado del hebreo *Dan-i-El*, «Dios es mi juez».

Historia: Daniel, que vivió en el siglo VII a. C., fue uno de los cuatro grandes profetas hebreos. El *Libro de Daniel*, compuesto por él hacia el 165 a. C., es en realidad un mensaje de esperanza para los judíos de su época que por entonces sufrían la persecución de Antíoco IV Epífanes. Con él, Daniel inició el género literario apocalíptico.

Hipocorístico: Dani

Daniel/Daniela (catalán); **Danel/Danele** (euskera); **Daniel/Daniela** (gallego)

DARÍO

19 de diciembre (Darío, santo)

Etimología: Nombre que se deriva del persa *dārayavau*, que puede traducirse o bien como «el que tiene bienes», o bien como «el que conserva el bien».

Historia: Darío fue un destacado gobernante y organizador del imperio persa. Entre sus logros destaca la creación de Persépolis, la nueva capital del imperio, la revisión del sistema administrativo y el código legal, la creación de canales y redes de caminos, etc.

Darius (catalán); **Dari** (euskera)

DAVID

1 de marzo (David de Menevia, santo)
26 de junio (David de Tesalónica, santo)
25 de julio, 15 de julio (David de Västmanland, santo)

Etimología: Nombre de pila masculino que procede del sustantivo hebreo *dawidh*, que significa «amado».

Historia: David (1010- 970 a. C.), segundo rey de los hebreos y gran poeta, liberó a Palestina de los filisteos y extendió su poder hasta Damasco. Uno de sus mayores triunfos fue la conquista de Jerusalén. Es legendario su enfrentamiento con el guerrero filisteo Goliat, del que salió vencedor gracias a su habilidad y astucia, a pesar de que su contrincante era más fuerte y corpulento.

David (catalán); **Dabi** (euskera); **Davide** (gallego)

DÉBORA

21 de septiembre

Etimología: Nombre bíblico de mujer derivado del hebreo *debōrah*, «abeja».

Historia: Apodada «madre de Israel», Débora era una reconocida profetisa. Fue, además, la primera mujer que ejercía de jueza de los hebreos, cargo que tradicionalmente habían ocupado siempre hombres.

Variante: Deborah

Dèbora (catalán); **Débora** (gallego)

DELIA

Sin onomástica

Etimología: Procede del gentilicio griego de la isla de Delos, significa «nacida en la isla de Delos».

Historia: Delia es el sobrenombre que la diosa latina de la caza Diana recibía en la tierra, porque ella, al igual que su hermano Apolo, había nacido en Delos, isla griega de las Cíclidas.

Dèlia (catalán); **Delia** (gallego)

DENIA

Sin onomástica

Etimología: Procede del topónimo Denia o Dènia, ciudad alicantina situada a orillas del Mediterráneo, y se trata de un nombre femenino que ha empezado a usarse recientemente.

Dènia (catalán)

DIANA

10 de junio (Diana de Andalò, beata)

Etimología: Su etimología es incierta, pero se halla muy difundida la teoría de que este nombre de pila femenino se originó a raíz de la contracción del nombre latino *Diviana*, «divina». Es un nombre que se popularizó por ser el de la diosa latina del arte de la caza, Diana, hija de Júpiter y hermana de Febo (Apolo).

Historia: En la mitología romana, Diana era considerada la diosa de la caza y la protectora de la naturaleza. Más tarde pasó a ser la diosa de la Luna.

Diana (catalán); **Diana** (gallego)

DIEGO

12 de noviembre (Diego de Alcalá, santo)

Etimología: En un principio era un hipocorístico de Santiago (san Iago o san Yago), derivado a su vez de Iacobus, pero con el tiempo se ha consolidado como nombre con entidad propia.

Historia: Diego, nacido en San Nicolás (Andalucía) en 1400, entró en la orden franciscana en 1441 y poco después se fue en misión evangelizadora a Canarias. Más tarde se trasladó a Roma donde se dedicó al cuidado de enfermos afectados por la peste. Murió el 12 de noviembre de 1463 en Alcalá y fue canonizado en 1588.

Dídac (catalán); **Didaca** (euskera); **Dámaso** (gallego)

DOLORES

15 de septiembre (Virgen de los Dolores)
Viernes anterior a la Semana Santa

Etimología: Nombre de pila femenino español que proviene de la advocación mariana de Nuestra Señora de los Dolores.

Historia: Este nombre deriva de la veneración que la Iglesia hace de los siete dolores de la Virgen María al tener las visiones de los padecimientos y la muerte que iba a sufrir su hijo. A partir del siglo XV, cuando la Iglesia aprueba la fiesta litúrgica de la Virgen de los Dolores, el nombre empezó a usarse con gran profusión en España.

Hipocorísticos: Lola, Loli, Lolita, Loles

Dolors (catalán); **Nekane** (euskera); **Dores** (gallego)

DOMINGO/DOMINICA

22 de enero (Domingo de Sora, santo)

12 de mayo (Domingo de la Calzada, santo)

6 de julio (Dominica, santa)

15 de julio (Domingo Pirrotti, santo)

8 de agosto (Domingo de Guzmán, santo)

14 de agosto (Domingo Ibáñez de Erquicia, santo y mártir)

20 de diciembre (Domingo de Silos, santo)

Etimología: Nombre que se deriva del latino *dominicus*, que se traduce como «dedicado al Señor» o bien «nacido en domingo».

Historia: Domingo de Silos nació hacia el año 1000 en Cañas y trabajó como pastor hasta que entró en el monasterio benedictino de San Millán de la Cogolla, en el que fue nombrado prior en 1036. Enfrentado al rey de Navarra, fue finalmente desterrado y marchó a la abadía de San Sebastián de Silos que le confió el rey de Castilla y que Domingo de Silos logró convertir en un destacado centro cultural de la época. Es uno de los santos más populares en España.

Patrón: De los pastores y los presos

Domènec (catalán); **Dominiku, Txomin** (euskera); **Domingos** (gallego)

DONATO/DONATA

7 de agosto (Donato de Arezzo, santo y mártir)

Etimología: Nombre de pila que procede del latino *Donatus*, derivado del adjetivo *donatus* «entregado, regalado». Fue muy utilizado por los primeros cristianos, quienes dotaron al nombre de connotaciones místicas traduciéndolo como «entregado a Dios».

Historia: A Donato de Arezzo, que vivió en el siglo IV, se le atribuyeron un gran número de milagros y eso hizo que fuera muy venerado entre sus contemporáneos. Murió hacia el año 363 decapitado, víctima de las persecuciones que sufrían los cristianos.

Patrón: De Arezzo

Donat/Donata (catalán); **Donata** (euskera); **Donato, Doado** (gallego)

DOROTEA

6 de febrero (Dorotea, santa y mártir)

Etimología: Nombre de pila que procede del griego *dorótheos*, latinizado *dorotheus*, y que significa «regalo de Dios» (*doron*: «don», y *theós*: «dios»).

Historia: Santa del siglo IV, Dorotea sufrió la persecución ordenada por Diocleciano y fue decapitada en Cesarea (Turquía) en el año 304.

Patrona: De los jardineros y mineros; los recién casados y novios, y las parturientas; contra los peligros mortales y los perjurios

Dorotea (catalán); **Dorote** (euskera); **Dorotea** (gallego)

DULCE

12 de septiembre (festividad que celebra el Dulce Nombre de María)

Etimología: Proviene del latín *dulcis*, que se traduce por «dulce».

Historia: El origen de la celebración del Dulce Nombre de María se encuentra en la provincia de Cuenca, y se sitúa alrededor del siglo xv. Más tarde, esta fiesta se popularizó y se extendió a toda España.

Dolça (catalán); **Eztizen** (euskera)

DUNIA

Sin onomástica

Etimología: Deriva del nombre de pila ruso *Dunya*, cuyo significado es «señora del mundo». En realidad es la abreviación de *Avdunya*.

Variante: Duna

Dúnia (catalán)

EDGAR

8 de julio

Etimología: Nombre masculino cuyo origen son los términos germánicos *ead-* «riqueza, propiedad» y *-gair* «lanza». Podría traducirse como «lanza protectora de la riqueza».

Historia: Edgar el Pacífico fue rey de Inglaterra en el siglo X, país al que condujo a la paz tras su unificación. Durante su reinado, en el que contó con el consejo de san Dunstan, se propuso como objeto la renovación de la orden benedictina. Su espíritu pío dominó su vida, no obstante, nunca llegó a producirse su canonización por creerse que tuvo una hija, Edita de Wilton, de su unión con una monja, Wilfrida.

Edgar (catalán); **Edgar**, **Edgardo** (gallego)

EDITA

16 de septiembre (Edita de Wilton)
8 de diciembre (Edita de Caestre)

Etimología: Nombre femenino que deriva de los radicales germánicos *ead-* «riqueza, propiedad» y *-gyth* «lucha, combate». Así, puede traducirse por «lucha por la riqueza».

Historia: Hija ilegítima de Edgar el Pacífico y de Wildfrida, Edita vivió desde su nacimiento en el monasterio inglés de Wilton. Llegó a rechazar incluso las propuestas para dirigir algunas congregaciones religiosas, ya que prefería el recogimiento y vivir como una simple monja. Por su humildad y entrega fue admirada en vida y venerada tras su muerte, acaecida en el año 984.

Edita (catalán); **Edite** (gallego)

EDUARDO

18 de marzo (Eduardo el Mártir, santo)
13 de octubre (Eduardo el Confesor, santo)

Etimología: Nombre de procedencia germánica, formado por las voces *ead-* «riqueza, propiedad» y *-weard* «guardián».

Historia: Rey de los anglosajones desde el año 1042, Eduardo el Confesor fue hijo de Etelredo II. Su reinado se caracterizó por las numerosas concesiones que hizo a la nobleza y, sobre todo, por su piedad: promovió la vida eclesiástica en Inglaterra y repartió sus bienes entre los más necesitados y fundó la abadía de Westminster, donde se hallan sus reliquias.

Patrón: De Inglaterra y los reyes ingleses

Eduard (catalán); **Edorta** (euskera); **Eduardo** (gallego)

ELADIO/ELADIA

18 de febrero

Etimología: Derivado de la voz griega *helladios*, gentilicio de la Hélade, nombre del territorio poblado por los antiguos helenos y, a partir del siglo XIX, denominación oficial del nuevo Estado griego (*Hellas*).

Historia: La difusión de este nombre de pila se debe en gran medida a la veneración por la figura de san Eladio, emparentado con la familia real visigoda y obispo de Toledo en el siglo VII.

Variante: Heladio/Heladia

Eladi/Elàdia, **El·ladi/El·làdia** (catalán); **Eladi/Elade** (euskera); **Eladio/Eladia** (gallego)

ELEAZAR

27 de septiembre

Etimología: Nombre masculino derivado de la voz hebrea *eliezer*, cuyo significado es «Dios es mi socorro».

Historia: De origen noble, san Eleazar de Sabran nació hacia el año 1285 en la Provenza francesa. Junto a su esposa Delfina dedicó su vida a realizar obras benéficas y caritativas y también junto a ella entró a formar parte de la orden franciscana como terciario. Murió el 27 de septiembre de 1323 en París y fue canonizado en la iglesia franciscana de Apt (Francia).

Variantes: Eleazar, Eleázaro, Eliézer, Eliécer

Eleàtzar (catalán); **Elazar** (euskera); **Eleazar** (gallego)

ELENA

18 de agosto (Elena, emperatriz)

Etimología: Nombre femenino cuyo significado es «antorcha», dado que procede del término griego *helen*.

Historia: Santa Elena, nacida en el año 255 en Bitinia (Turquía), fue la madre del emperador Constantino, a quien influyó hasta lograr su conversión al cristianismo y con el que fundó numerosas iglesias en Roma, Constantinopla, Colonia y Tierra Santa. Precisamente en su peregrinación por estas latitudes encontró la cruz de Cristo y para guardarla mandó construir la romana iglesia de Santa Croce in Gerusalemme.

Variante: Helena

Helena, **Elena** (catalán); **Elen** (euskera); **Elena** (gallego)

ELÍAS

20 de julio (Elías de Jerusalén, santo)

Etimología: Nombre masculino de origen hebreo: procede de las voces *el-* y *-yah*, «mi Dios es Yavé».

Historia: Elías es considerado el más popular de los profetas hebreos. Vivió en el siglo IX a. C., en un período caracterizado por numerosos cambios sociales y religiosos. Encabezó la lucha contra la idolatría del dios fenicio Baal, a quien había adorado el rey de Israel, Ajab. Junto a su discípulo Eliseo se considera el eslabón entre las primitivas fraternidades de profetas y los profetas escritores posteriores.

Elies (catalán); **Eli** (euskera); **Elías** (gallego)

ELISA

Sin onomástica

Etimología: Nombre femenino derivado del término hebreo *elyasa*, «Dios ha ayudado».

Historia: También conocida como Dido, fue princesa de Tiro y fundadora de Cartago. Según la leyenda, tras el asesinato de su esposo a manos de Pigmalión, se refugió en África con la intención de fundar una ciudad. Al pedir a los nativos tierras para tal fin, éstos le asignaron solo las que pudiera abarcar una piel de buey. Ante esta imposición Elisa mostró su ingenio: hizo tiras muy finas con la piel del animal y acotó una gran superficie, que después se convertiría en Cartago.

Elisa (catalán); **Elixa** (euskera); **Elisa** (gallego)

ELISABET

17 de noviembre

Etimología: Nombre femenino cuyo origen es la forma hebrea *elisaba*, «Dios da».

Historia: La influencia anglosajona ha contribuido a la difusión de este nombre en las últimas décadas, algo que no sucedía en tiempos más remotos. En efecto, en la Biblia aparecen mujeres con este nombre de pila (la cuñada de Moisés y la madre de san Juan Bautista) que, sin embargo, se transforma en Isabel en las versiones españolas de las Sagradas Escrituras.

Hipocorísticos: Elsa, Beth

Variante: Elisenda

Elisabet (catalán); **Elisabete** (euskera); **Elisabete** (gallego)

ELISEO/ELISEA

Sin onomástica

Etimología: Nombre masculino que procede de la palabra hebrea *eli-shuah*, «Dios es salud».

Historia: Eliseo era campesino hasta que Elías (siglo IX a. C.) lo eligió para ser su discípulo y sucesor. Además de por la labor realizada junto a este para erradicar cultos paganos y por su papel al frente de los profetas israelitas, Eliseo es célebre por sus milagros; de hecho, supera a Elías en número y ha quedado constancia de que los obró hasta después de muerto.

Variante: Elisio/Elisia

Eliseu (catalán); **Elixi** (euskera); **Eliseo** (gallego)

ELOY/ELOÍSA

1 de diciembre

Etimología: Forma francesa del nombre de origen latino Eligio, derivado a su vez de *Eligius*, sobrenombre de Júpiter.

Historia: San Eloy vivió en la corte de los reyes francos Clotario II y Dagoberto, donde además de desempeñar el oficio de orfebre dedicó su tiempo a la realización de obras de caridad y a la fundación de iglesias y monasterios. Al morir en el año 660, su culto se extendió por Occidente.

Variante: Eligio

Patrón: De los orfebres y plateros, herradores y herreros, cerrajeros, metalúrgicos y acuñadores de moneda, los caballos y contra las enfermedades de estos.

Eloi/Eloïsa (catalán); **Eloi/Eloie** (euskera); **Eloi/Eloísa** (gallego)

ELVIRA

16 de julio

Etimología: Nombre femenino formado por los radicales germánicos *athal-* y *-wira* «guardián noble».

Historia: A pesar de conocerse pocos datos de la vida de Elvira, puede afirmarse que fue abadesa en el monasterio benedictino de la localidad alemana de Öhren (cerca de Tréveris) en los siglos XI/XII. Más se conoce, en cambio, la figura de doña Elvira, una de las hijas del Cid que junto a su hermana doña Sol sufrió la humillación de la afrenta de Corpes, uno de los episodios más famosos del poema épico castellano.

Elvira (catalán); **Elbir** (euskera); **Elvira** (gallego)

EMILIO/EMILIA

22 de mayo

Etimología: Nombre de origen latino que designa a una *gens* romana y se relaciona etimológicamente con la forma *aemulus*, «émulo».

Historia: La vida de Emilio va unida a la de Casto, y se conoce por los escritos de Cipriano de Cartago. Ambos cristianos, sufrieron suplicios en Cartago con los que sus captores pretendían hacerles abjurar de su fe: no lo consiguieron, ya que prefirieron perder su vida antes que claudicar a sus deseos. El martirio de Emilio y Casto tuvo lugar en torno al año 250.

Variante: Emiliano/Emiliana

Emili/Emília (catalán), **Emilli/Emille** (euskera), **Emilio/Emilia** (gallego)

EMMA

29 de junio (Emma de Gurk, santa)

Etimología: Nombre femenino, hipocorístico de Emmanuela, y también de nombres de origen germánico que incorporan la forma *-ermin*, como Ermintruda.

Historia: Nacida hacia el año 990 en la localidad austríaca de Corintia, se casó joven con el conde Guillermo de Sann. Tras morir este tempranamente y perder también de forma prematura a su hijo, se centró en la realización de obras de caridad y a la fundación de congregaciones religiosas.

Entre estas cabe destacar el monasterio de Gurk, donde murió el 29 de junio de 1045.

Variante: Ema

Emma (catalán); **Emma** (gallego)

ENCARNACIÓN

25 de marzo

Etimología: Nombre femenino, evolución de la palabra latina *incarnatio*.

Historia: Advocación mariana de Nuestra Señora de la Encarnación. La encarnación es el misterio central de la religión cristiana, en virtud de la cual el Verbo (la segunda persona de la Trinidad) tomó naturaleza humana.

Encarnació (catalán); **Gizakunde, Gizane** (euskera); **Encarnación** (gallego)

ENRIQUE/ENRIQUETA

20 de enero (Enrique de Finlandia, santo)

13 de julio (Enrique II el Santo, santo)

Etimología: Procedente del nombre germánico *Haimric*, formado por los radicales *haim-*, «hogar» y *-ric*, «poderoso».

Historia: Nacido en 973 en Baviera, Enrique II era hijo de Enrique el Pendenciero. Tras la muerte de Otón III fue coronado emperador de Alemania. Se casó con la princesa Cunegunda, con la que no tuvo hijos por haber hecho ambos un voto de castidad.

No fue solo esta opción la que le valió el sobrenombre del Santo: era modesto y discreto, practicó la penitencia y actuó como un gran benefactor de los más necesitados.

Hipocorísticos: Quique, Queta

Enric/Enriqueta (catalán); **Endika/Endike** (euskera); **Enrique/Enriqueta** (gallego)

ERICO/ERICA

18 de mayo

Etimología: Nombre de origen germánico formado por las voces *ewa-*, «eternidad» y *-rik*, «poderoso».

Historia: Erico IX Jedvardsson fue un rey sueco que vivió en el siglo XII y cuya vida fue dominada por su fervor religioso y el deseo de implantar el cristianismo en Finlandia, empresa en la que fracasó. Murió en el año 1160, asesinado cuando salía de misa en la ciudad de Upsala, por lo que se le considera un mártir de su causa. El instigador de su asesinato fue el hijo pagano del rey de Dinamarca.

Eric, Erica (catalán); **Eric, Erico/Érica** (gallego)

ERMINIO/ERMINIA

25 de abril

Etimología: Nombre germánico que deriva del radical *erm-*, «grande».

Historia: El belga san Erminio (Edwin) nació en la segunda mitad del siglo VII en Herly. Fue presbítero

y monje benedictino. Hacia el año 712 fue elegido abad del monasterio de Lobbes y posteriormente obispo de esta diócesis belga. Murió en el año 737.
Variantes: Herminio/Herminia
Erminia (catalán); **Ermiñi/Ermiñe** (euskera)

ERNESTO/ERNESTA

30 de junio (Ernesto de Praga, obispo)
7 de noviembre (Ernesto de Zwiefalten, mártir)
Etimología: Nombre que proviene del vocablo alemán *ernust*, de cuyo significado literal, «fortaleza» se deriva las connotaciones «serio», «grave», «resoluto».
Historia: Abad del monasterio benedictino de Zwiefalten, en Baden-Württemberg (Alemania), Ernesto (siglo XII) abandonó su cargo para participar en las Cruzadas, en las que encontró la muerte.
Ernest (catalán); **Arnulba** (euskera); **Ernesto/Ernesto** (gallego)

ESMERALDA

8 de agosto
Etimología: Nombre femenino cuyo origen es la voz latina *esmeragdus*, derivada a su vez de la griega *maragdos*, que designa a la gema «esmeralda».
Historia: El sustantivo *esmeralda* designa a una piedra preciosa fina, formada por silicato de alúmina y glucina, más dura que el cuarzo y de color verde. Su difusión como nombre de bautismo se debe a las connotaciones de belleza que irradia y al influjo de la literatura: Esmeralda se llama la protagonista de *Nuestra Señora de París* de Victor Hugo.
Maragda (catalán); **Esmeragda** (euskera); **Esmeralda** (gallego)

ESPERANZA

8 de febrero (Esperanza Alhama de Jesús, fundadora de orden)
1 de agosto (Esperanza, santa)
Etimología: Advocación de la Virgen, esto es, denominación que se aplica a su nombre para hacer referencia a uno de sus atributos. La *esperanza* es la virtud por la que se espera que Dios dé los bienes que ha prometido.
Historia: Esperanza era una de las hijas de santa Sofía y hermana de Fe y Caridad (otros dos nombres que designan una virtud teologal). Las cuatro murieron trágicamente en defensa de su fe, en tiempos del emperador romano Adriano.
Esperança (catalán); **Espe**, **Itxaropena** (euskera); **Esperanza** (euskera)

ESTEBAN

26 de diciembre (Esteban, san)
Etimología: Nombre que procede de la voz griega *stephanós* que, en sentido figurado, significa «(coronado de) laurel» y, por ende, «victorioso».

Historia: Se cree que san Esteban fue un judío helenístico, uno de los siete diáconos de la Iglesia primitiva de Jerusalén, y el primer mártir (protomártir) de la fe cristiana. Así, la veneración a su figura está atestiguada en Oriente desde el siglo IV y en Occidente, a partir del V. Destacó por su elocuencia, gran carisma y poder de convocatoria.

Patrón: De los caballos, mozos de cuadra y cocheros, albañiles, sastres, toneleros, canteros y tejedores; contra el dolor de cabeza, cólicos, punzadas en los costados y para la buena muerte

Esteve, **Esteva** (catalán); **Estepan**, **Itxebe**, **Etxiban/Estepane** (euskera); **Estevo/Esteva** (gallego).

ESTEFANÍA

2 de enero

Etimología: Nombre femenino, variante de Esteban.

Historia: Nacida en 1457 en Brescia (Italia), dedicó su vida a la atención de los enfermos en los hospitales. Fundó el monasterio dominico de San Paolo, del que fue abadesa. En sus manos y pies se mostraban impresos los estigmas de Jesús, y vivió cada Viernes Santo la pasión del Mesías.

Estefania (catalán); **Itxebeni** (euskera); **Estevaíña** (gallego)

ESTER

8 de diciembre

Etimología: Nombre bíblico femenino, variante de *Ishtar*.

Historia: Ishtar, probablemente de origen semítico, es la diosa principal del panteón asirio. Deidad de la guerra, del amor y la maternidad, se identifica también con el planeta Venus. El mito narra su descenso a los infiernos para liberar a Tammuz, su amor, y reintegrarlo al mundo superior.

Variante: Esther

ESTÍBALIZ

12 de septiembre

Etimología: Nombre femenino de origen vasco, derivado de las voces *esti ba-litz*, «que sea de miel».

Historia: Advocación de la Virgen, Nuestra Señora de Estíbaliz se halla en el monasterio románico del siglo XII en la localidad alavesa de Vilafranca que destaca por su rica decoración escultórica.

Estíbaliz (catalán); **Estibaliz**, **Estibariz**, **Estitxu**, **Estiñe** (euskera); **Estíbaliz** (gallego)

ESTRELLA

15 de agosto

Etimología: Nombre femenino procedente de la palabra latina *stella*, «estrella». Puede ser considerado como una advocación de la Virgen.

Historia: Santa Estrella fue una virgen gala que murió martirizada en el siglo III. Sin embargo, la difusión de este nombre se debe a la mencionada advocación mariana y a las connotaciones positivas que desprende.

Variante: Estela

Estrella (catalán); **Izarra**, **Izarne** (euskera); **Estrella** (gallego)

EUGENIO/EUGENIA

20 de diciembre (Eugenio de Antioquia, santo)
25 de diciembre (Eugenia de Roma, santa)

Etimología: Nombre derivado del griego *eu-genes*, que significa «de buen nacimiento».

Historia: La vida de santa Eugenia de Roma (nacida en el siglo III en Alejandría) está teñida de leyenda: para escapar de un matrimonio forzado, se disfrazó de hombre y se ocultó en un monasterio de monjes, del que llegó a ser abad. Tras ser acusada injustamente de amoral, dio a conocer su verdadera identidad y huyó a la capital italiana, donde murió decapitada.

Patrona: Contra la sordera y la posesión

Eugeni/Eugènia (catalán); **Eukeni/Eukene** (euskera); **Euxenio/Euxenia** (gallego)

EULALIA

10 de diciembre

Etimología: Nombre prodecente del griego *eu-lalia* «de buena lengua», «elocuente».

Historia: La figura de Eulalia de Mérida es objeto de gran veneración en España, tal vez a causa de su legendaria vida: supuestamente con la intención de morir como mártir, huyó de casa de sus padres y se presentó en Mérida ante el gobernador. Allí arrancó una imagen idolátrica y la pisoteó. En consecuencia, fue sometida a todo tipo de maltratos que soportó sin una sola queja.

Eulàlia/Eulali (catalán); **Eulali/Eulale** (euskera); **Eulalio/Eulalia** (gallego)

EUROPA

Sin onomástica

Etimología: Nombre femenino que procede de la voz griega *Europe*.

Historia: Según la mitología griega, Europa fue hija del rey fenicio Agenor, amada por Zeus quien, transfigurado en toro, la raptó y se la llevó a lomos hasta la isla de Creta. Allí le dio tres hijos, entre ellos Minos.

EVA

6 de septiembre

Etimología: Nombre femenino, cuyo origen es la palabra griega *hiyya*, «la que da la vida».

Historia: Según la Biblia, Eva fue el nombre de la primera mujer, esposa de Adán y madre del género humano, creada a partir de una costilla del hombre. Eva fue quien cayó en la tentación seducida por la serpiente y comió la manzana e invitó a Adán a hacer lo mismo. En consecuencia, fueron expulsados del Paraíso y condenados a ganarse la vida con el sudor de su frente.

Eva (catalán); **Eva** (euskera); **Eva** (gallego)

FÁTIMA

13 de mayo (festividad de la Virgen de Nuestra Señora del Rosario de Fátima)

Etimología: Nombre de procedencia árabe que significa «doncella». En la difusión de este nombre femenino ha desempeñado un papel importante la advocación de Nuestra Señora del Rosario de Fátima, que se apareció a tres niños pastores en la cueva de Iría de Fátima (Portugal), en 1917.

Historia: Fátima (La Meca, entre 605 y 611-Medina, 633) era la hija del profeta Mahoma y de su primera esposa. De su matrimonio con su primo Alí, nacieron dos hijos, Hassán y Hussein. Es la fundadora de los fatimitas o fatimís, dinastía musulmana que reinó en África del norte en el siglo x y en Egipto de 969 a 1171.

Fàtima (catalán); **Fátima** (gallego)

FEDERICO

15 de febrero (Federico Bachstein, santo y mártir)
18 de julio (Federico de Utrecht, santo, obispo de Utrecht y mártir)

Etimología: Se deriva del nombre germánico *fridric*, que procede de *fridu-reiks*, «príncipe de la paz», «el que gobierna bien el pueblo».

Historia: San Federico fue nombrado obispo de Utrecht hacia el año 818, y se le recuerda porque hizo lo posible por erradicar la herejía y la inmoralidad que imperaba en su episcopado, promovidas en gran medida por la emperatriz alemana Judith. Murió el 18 de julio, mientras celebraba misa en la capilla de San Juan de la catedral de Utrecht, asesinado por unos sicarios de la emperatriz.

Patrón: Contra la parálisis

Hipocorístico: Fede

Frederic (catalán); **Perderica** (euskera); **Frederico** (gallego)

FELIPE

5 de febrero (Felipe de Jesús, santo y mártir)
8 de febrero (Felipe de Jeningen, santo)
3 de mayo (Felipe de Zell, santo y eremita)
11 de mayo, 1 de mayo (Felipe, santo y apóstol)
26 de mayo (Felipe Neri, santo y místico)
6 de junio (Felipe el Diácono, santo)
22 de agosto, 23 de agosto (Felipe Benicio, santo)
22 de octubre (Felipe de Heraclea, santo, obispo de Heraclea y mártir)

Etimología: Procede del griego *philoshipos*, que se traduce como «el que ama los caballos».

Historia: Nombre de uno de los doce apóstoles de Jesús, martirizado en el año 54. Asimismo el santoral registra diversos santos con ese nombre. En España este nombre se popularizó a partir de la figura de Felipe el Hermoso.

Patrón: De los humoristas; contra la esterilidad de las mujeres y los terremotos

Felip (catalán); **Pilipa** (euskera); **Filipe** (gallego)

FÉLIX

14 de enero (Félix de Nola, santo, presbítero y mártir)
30 de mayo (Félix I, santo y papa)
20 de noviembre (Félix de Valois, santo)

Etimología: Procede del nombre latino *Felix*, derivado a su vez del sustantivo *felix*, «feliz, aventurado» y también «fértil».

Historia: San Félix de Valois (1127-1212) formaba parte de la familia real francesa de los Valois, pero pronto decidió alejarse de la corte y llevar una vida solitaria, dedicada a la penitencia. Al cabo de algún tiempo san Juan de Mata se unió a él y ambos fundaron la Orden de los Trinitarios (aprobada por el papa Inocencio III en 1198), cuyo objetivo prioritario era rescatar a los cristianos que los musulmanes tenían prisioneros.

Patrón: De los ojos y los animales domésticos (san Félix de Nola); de los hermanos legos capuchinos, las madres y los hijos, los niños de Polonia (san Félix de Cantalice).

Fèlix, **Feliu** (catalán); **Peli** (euskera); **Fiz**, **Fins**, **Fis** (gallego)

FERMÍN

7 de julio

Etimología: nombre de pila que deriva del patronímico latino *fermus* o *firmus*, procedentes del adjetivo *firmus*, «firme».

Historia: Según la tradición, san Fermín eran natural de Pamplona y fue el primer obispo de Amiens, ciudad en la que murió martirizado, víctima de la persecución ordenada por Diocleciano. Sus reliquias se trasladaron a su ciudad natal el 7 de julio de 1717, fecha en que se inician las fiestas de Pamplona, los famosos sanfermines.

Patrón: De Pamplona

Fermí (catalán); **Primin** (euskera); **Firmino** (gallego)

FERNANDO

30 de mayo (Fernando III de Castilla, santo)

Etimología: Procede del nombre germánico *fredenandus*, compuesto de *frad*, «inteligente, astuto» y *nand*, «atrevido, audaz, valiente».

Historia: Fernando III de Castilla, apodado el Santo, era hijo de Alfonso IX de León y Berenguela de Castilla. Durante su reinado se centró en la reconquista de los territorios ocupados por los musulmanes, aprovechando que estos vivían momentos de disensiones internas. Murió el 30 de mayo de 1252 y fue canonizado en 1671.

Patrón: De los presos y de los pobres
Variantes: Fernán, Hernán
Hipocorísticos: Fer, Nando
Ferran (catalán); **Erlantz, Errando, Perrando, Ferran** (euskera); **Fernando, Fernán** (gallego)

FIDEL

24 de abril (Fidel de Sigmaringa, santo y mártir)
28 de octubre (Fidel de Lombardía, santo y mártir)

Etimología: Nombre de pila masculino que procede del latino *fidelis*, derivado a su vez del sustantivo *fidelis*, «fe».

Historia: Fidel (bautizado Markus Roy), nacido en Sigmariga (Baden-Württemberg, Alemania) estudió derecho y filosofía, y después fue ordenado sacerdote. En 1612 ingresó en la Orden de los Capuchinos. Murió asesinado a golpes el 24 de abril de 1622 mientras predicaba en una localidad de Suiza. Se considera el primer mártir de la Orden de los Capuchinos. Fue canonizado en 1746.

Patrón: Del arzobispado de Friburgo; de los juristas; para favorecer la propagación de la fe cristiana
Fidel (catalán); **Pidel** (euskera); **Fidel** (gallego)

FINA

12 de marzo (Fina o Serafina, santa y virgen)

Etimología: Hipocorístico de los nombres de pila femeninos terminados en -*fina* (Serafina, Rufina, Adolfina, Josefina, etc.), con el tiempo ha derivado en nombre propio.

Historia: La tradición cuenta que santa Fina, nacida en 1238 en la localidad toscana de San Gimignano, fue muy piadosa desde niña y sufrió con gran resignación los dolores de una grave enfermedad. Murió a los quince años, y en el mismo instante de su muerte las campanas de la iglesia empezaron a tocar solas de forma milagrosa.

Patrona: De San Gimignano (Italia)
Fina (catalán); **Fina** (gallego)

FIONA

Sin onomástica.

Etimología: Nombre de pila femenino que procede del adjetivo galés *fionn*, que se traduce por «limpio, inmaculado, blanco».

Historia: Fiona es el nombre inventado por el escritor escocés James Macpherson (1736-1796) para uno de los personajes femeninos de su obra *Poemas de Ossián*. Dicha obra, de temática heroica y escrita en verso, influyó considerablemente en la literatura romántica posterior.

FLAVIO/FLAVIA

22 de febrero (Flavio de Nicomedia, santo y mártir)

7 y 12 de mayo (Flavia Domitila, santa y mártir)

5 de octubre (Flavia de Mesina, santa y mártir)

Etimología: Derivado de *flavius*, nombre de una de las antiguas familias romanas, que muy posiblemente procede del adjetivo *flavus*, »dorado, rubio, rojizo».

Historia: Véase Domitila.

Flàvia (catalán); **Palbe** (euskera); **Flavio** (gallego)

FLOR

31 de diciembre (Flor, santa)

Etimología: Nombre femenino que procede del sustantivo latino *florus*, «flor».

Historia: Santa Flor vivió en el siglo XIII e ingresó en el convento de Beaulieu (Francia) cuando solo era una niña. Las experiencias místicas de esta religiosa la hicieron famosa ya entre sus contemporáneos.

Flor (catalán); **Lore** (euskera); **Frol** (gallego)

FLORA

11 de junio (Flora de Beaulieu, santa, religiosa y mística)

29 de julio (Flora de Roma, santa y mártir)

24 y 27 de noviembre (Flora de Córdoba, santa y mártir)

Etimología: Nombre de pila femenino que procede del latino *Flora*, nombre de la diosa itálica de las flores y la vegetación, en cuyo honor se celebraban las *floralias*.

Historia: Santa Flora de Córdoba, que se dedicó a procurar cuidados y alimentos a los más necesitados, era hija de padre musulmán y madre cristiana. Profesó la religión de su madre y por ese motivo fue encarcelada. En prisión coincidió con santa María de Córdoba, y ambas sufrieron el martirio de Abderramán II. Fueron degolladas y sus cuerpos abandonados para ser pasto de los animales, pero estos dejaron los cuerpos intactos.

Flora (catalán); **Lorea** (euskera); **Flora** (gallego)

FRANCISCO

24 de enero, 28 de diciembre (Francisco de Sales, santo y doctor de la Iglesia)

11 de mayo (Francisco de Jerónimo, santo, religioso y predicador)

4 de junio (Francisco Carácciolo, santo)

14 de julio (Francisco Solano, santo, religioso y misionero)

4 de octubre (Francisco de Asís, santo)

1 de octubre (Francisco de Borja y Aragón, santo)

29 de noviembre (Francisco Antonio Fasani, santo y predicador)

3 de diciembre (Francisco Javier, santo y misionero)

31 de diciembre (Francisco Régis, santo y religioso)

Etimología: Proviene del nombre italiano medieval *francesco*, «del país de los francos». Bernandone de Asís llamaba con este apodo a su hijo, el futuro san Francisco de Asís, por lo mucho que a este le gustaba hablar en francés.

Historia: Tras llevar una vida dedicada a los placeres terrenales, san Francisco sufrió una crisis espiritual que le cambiaría la vida. A partir de ese momento renunció a todas sus pertenencias y se dedicó a mendigar por los caminos. Fundó la Orden de los Franciscanos, cuya regla principal es el voto de pobreza.

Patrón: De Italia y de Asís; de los pobres, sastres, tejedores; de la naturaleza, los ecologistas y el trabajo social; se le invoca contra el dolor de cabeza

Hipocorísticos: Curro (Andalucía), Cesc (Cataluña), Cisco, Chisco, Farruco, Fuco (Galicia), Fran, Francis, Franco, Francho, Frasco, Frasquito, Frascuelo, Paco, Pacorro, Pachi o Patxo, Prantxes, Pantxeska, Prantxiska, (País Vasco), Pacho (Asturias), Paquito, Quico, etc.

Francesc/Francesca (catalán); **Prantxes/Prantxa** (euskera); **Francisco/Francisca** (gallego)

FRIDA

Sin onomástica

Etimología: Es hipocorístico de los nombres de pila femeninos ingleses que presentan el componente germánico *fridu* («paz») al inicio.

FROILÁN

5 de octubre (Froilán, santo y obispo de León)

Etimología: Nombre de origen germánico, procede del término *froilanen*, traducido como «señor de la tierra».

Historia: San Froilán, natural de Lugo, vivió en la época de Alfonso III el Magno. Primero fue eremita y después desarrolló una importante labor evangelizadora por las tierras del norte de España. Fue el fundador de los monasterios benedictinos de Moreuela y Tabarra. Hacia el año 900 fue nombrado obispo de León. Murió hacia 905.

Patrón: De Lugo

Froilà (catalán); **Purlan** (euskera); **Froilán, Froián** (gallego)

GABINO/GABINA

19 de febrero (Gabino de Roma, santo)
30 de mayo (Gabino de Torres)

Etimología: Procedente del latín, designa el gentilicio de *Gabii*, ciudad del Lacio italiano. De hecho, los primeros pueblos sabélicos que penetraron en esta región del centro de Italia fueron los sabinos (siglo VII a. C.).

Historia: Supuestamente, el presbítero Gabino de Roma fue padre de santa Susana y hermano del papa Cayo. Padeció el martirio en Roma, por lo que durante mucho tiempo formó parte del Martirologio Romano. Gabino de Torres, por otra parte, fue un funcionario romano que, alrededor del año 130, sufrió el martirio en Torres (Cerdeña). Se le considera, junto a Críspulo, el primer mártir de esta isla del Mediterráneo.

Hipocorístico: Gabi

Gabí/Gabina (catalán); **Gabin/Gabine** (euskera); **Gabino/Gabina** (gallego)

GABRIEL/GABRIELA

29 de septiembre (Gabriel, arcángel)

Etimología: De origen hebreo, su significado es «fuerza de Dios». Da nombre a uno de los arcángeles de la Biblia, esto es, un espíritu bienaventurado, de orden medio entre los ángeles y los principados. Siempre aparece vinculado con otros dos arcángeles: Miguel y Rafael, con quienes comparte festividad.

Historia: Gabriel aparece dos veces en el Antiguo Testamento: se presentó ante el profeta Daniel para ayudarle a interpretar el significado de una visión y para anunciarle la llegada del Mesías. Asimismo, aparece dos veces en el Nuevo Testamento: cuando comunica a Zacarías el nacimiento de su hijo (Juan Bautista) y a María la concepción de Jesús. En el islamismo, Gabriel es considerado quien reveló a Mahoma los versos del Corán.

Hipocorísticos: Gabi, Gaby

Patrón: De los mensajeros, carteros, periodistas y, en general, de las telecomunicaciones

Gabriel/Gabriel·la (catalán); **Gabriel/Gabirele** (euskera); **Gabriel/Gabriela** (gallego)

GÁDOR

Etimología: Nombre femenino que procede de una de las múltiples denominaciones de la virgen María: Nuestra Señora de Gádor.

Historia: La imagen de Nuestra Señora de Gádor se venera en el santuario de la sierra homónima, en Almería, provincia que registra el mayor número de mujeres con este nombre propio.

GALO/GALA

16 de octubre

Etimología: De procedencia latina, es el gentilicio de *Gallia*, actual Francia.

Historia: En principio este nombre no se desvinculó de su función como gentilicio, por lo que se aplicaba a los oriundos de esa región del imperio romano: cumple esa función, por ejemplo, en el nombre del poeta Cayo Cornelio Galo o de Gala Placidia, hija del emperador romano Teodosio I. Más tarde, ya en la era cristiana, el hecho de que algunos santos y santas fueran bautizados con este nombre, matizó su origen pagano y posibilitó que se utilizara como nombre de bautismo. Así, fue el nombre del misionero irlandés san Galo, discípulo de san Columbano y fundador de numerosos monasterios, y de santa Gala, hija de Símaco.

Patrón: De las ocas y las gallinas

Gal/Gal·la (catalán); **Ederne**, **Gale** (euskera); **Galo/Gala** (gallego)

GARDENIA

Sin onomástica

Etimología: Nombre femenino que procede del germánico *gardo*, que significa «encerrar, cercar».

Historia: Gardenia es el nombre de una flor blanca y fragante, de pétalos gruesos, que también se conoce como jazmín de la India. En su clasificación de los seres vivos, el naturalista sueco Linneo le otorgó el nombre de *Gardenia jasminoides*, en honor del descubridor de esta flor, el escocés Alexander Garden.

Gardènia (catalán); **Gardenia** (gallego)

GASPAR

6 de enero (Epifanía)

Etimología: Aunque de origen incierto, se cree que procede del antiguo persa *kansbar*, «administrador del tesoro».

Historia: Según la tradición cristiana, Gaspar es el nombre de uno de los reyes magos que llegaron a Belén guiados por una estrella y fueron los primeros paganos que honraron con presentes al niño Jesús. Fue en la Edad Media cuando se les asignó un nombre y un número, tres. Gaspar era el representante de persas, indios y europeos y quien ofreció incienso al recién nacido.

Gaspar (catalán), **Gaxpar** (euskera), **Gaspar** (gallego)

GASTÓN

6 de febrero

Etimología: Nombre masculino cuyo origen puede considerarse una deformación del gentilicio de la Gascuña, región histórica del sudoeste de Francia.

Historia: San Gastón fue catequista de Clodoveo, rey de los francos. Posteriormente fue obispo y evangelizador de las ciudades francesas de Arras y Cambrai. La devoción hacia su persona explica la enorme difusión de este nombre en el país vecino.

Gastó (catalán); **Gastón** (gallego)

GEMA

14 de mayo

Etimología: Nombre femenino procedente del latín *gemma*, «gema, piedra preciosa». Inicialmente tuvo el sentido de «yema, botón en los vegetales».

Historia: Aunque se tiene noticia de una mártir gala del siglo II que se llamaba Gema, la divulgación de este nombre propio se debe a la figura de la italiana Gema Galgani (1878-1903): fue una monja de la Orden de las Pasionistas que mostró en su cuerpo los estigmas de la pasión desde 1899. Fue canonizada en el año 1940.

Variante: Gemma

Gemma (catalán); **Xema** (gallego)

GENOVEVA

3 de enero

Etimología: Nombre femenino que procede del galés *gwenhuifar*, que quiere decir «blanca como la espuma del mar».

Historia: Nacida en la ciudad francesa de Nanterre en el año 422, santa Genoveva fue una pastora que pasó a la historia por impedir, en el año 451, que los habitantes de París huyeran ante el ataque de los hunos de Atila. Esta hazaña fue posible por la fortaleza de su fe y el poder de sus oraciones. Asimismo, una vez instaurada la monarquía en Francia, contribuyó a la cristianización del país.

Hipocorístico: Veva

Patrona: De París, los pastores y viticultores; contra la lepra, las enfermedades oculares y la peste

Genoveva (catalán); **Kenubep** (euskera); **Xenoveva** (gallego)

GEORGINA

15 de febrero

Etimología: Femenino de *Jorge* que, como este, proviene de la forma latina *Georginus*, derivada a su vez del patronímico *Georgius*.

Historia: Debemos remontarnos a la Edad Media para hallar a Georgina, una joven cuyo amor a los animales y a sus semejantes la llevaron a cruzar el umbral de la santidad.

Georgina, **Jorgina** (catalán); **Xeorxina** (gallego)

GERARDO

24 de septiembre (Gerardo de Chonad, santo)
3 de octubre (Gerardo de Claraval, santo)

Etimología: Nombre de origen germánico *ger* y *hardhu*, cuyo significado es «osado con la lanza».

Historia: San Gerardo de Chonad que, de origen veneciano, llegó a Hungría durante un viaje a Tierra Santa, donde conoció al rey Esteban, que le nombró maestro de su hijo; fue nombrado obispo de Chonad (en el sudeste de Hungría) y organizó la diócesis con la ayuda de monjes benedictinos. Es patrón de la capital húngara y de los educadores.

Patrón: De Budapest y los educadores

Gerard, **Guerau**, **Grau** (catalán); **Kerarta** (euskera); **Xeraldo**, **Xerardo** (gallego)

GERMÁN/GERMANA

28 de mayo (Germán de París, santo)

1 de octubre (Germana, santa)

Etimología: De origen latino, puede significar tanto «germano, germánico» (si se considera que procede del gentilicio *germanus*) como «hermano carnal» (si procede del adjetivo, homófono del anterior, *germanus*). Los primeros cristianos adaptaron este último significado a sus creencias y asociaron este nombre de pila al sentido de «hermano de fe», lo cual hizo que fuera muy difundido en época cristiana.

Historia: San Germán vivió primero como eremita y sacerdote antes de ser abad en el monasterio de St. Symphorien, en Autun. En 550 fue nombrado obispo de París y capellán del rey Childeberto I. Esos cargos hicieron que se relacionara con muchas personalidades importantes y que fuera reclamado como consejero. No obstante, siguió llevando una vida discreta y humilde, lo que explica la veneración que le profesó el pueblo.

Germà/Germana (catalán); **Kerman/Kermane** (euskera); **Xermán/Xermana** (gallego)

GILDA

29 de enero

Etimología: Hipocorístico de los nombres femeninos acabados en *-gilda*, como por ejemplo Leovigilda o Hermenegilda. Esta terminación procede del germánico *-geld*, que significa «valor».

Historia: La utilización de este hipocorístico como nombre independiente se debe, sin duda, al clamoroso éxito de la película *Gilda* (1946), protagonizada por Glenn Ford y Rita Hayworth. No obstante, tampoco debe olvidarse que así se llamaba la desdichada hija de Rigoletto, protagonista de una de las más célebres óperas de Giuseppe Verdi.

Patrona: De los fundidores

Gilda (catalán); **Kermeilde** (euskera); **Xilda** (gallego)

GINEBRA

2 de abril

Etimología: Puede ser considerada una variante de Genoveva y, como tal, también procede del galés *gwenhuifar*, que quiere decir «blanca como la espuma del mar».

Historia: No cabe duda de que la difusión de este

nombre se debe a la celebridad de Ginebra, esposa del rey Arturo, quien instituyó la orden de los caballeros de la Tabla Redonda. Las novelas del ciclo artúrico dan cuenta de la vida de esta legendaria reina, perdidamente enamorada de Lanzarote.

GINÉS

25 de agosto

Etimología: Nombre masculino procedente del griego y cuyo significado es «origen».

Historia: Dos personajes históricos de profesiones muy distintas contribuyeron a la difusión de este nombre. El primero es san Ginés de Arlés: escribano de profesión, padeció martirio hacia el año 304 en la persecución de Diocleciano en esta ciudad del sur de Francia. Es considerado el patrón de los notarios, escribanos y estenógrafos. El segundo es san Ginés de Roma, cómico que también padeció el asedio del mencionado emperador romano a los cristianos y perdió su vida en el año 303 por defender su fe.

Genís/Genisa (catalán); **Giñes/Giñese** (euskera); **Xenxo/Xenxa** (gallego)

GISELA

21 de mayo

Etimología: Nombre femenino de origen germánico que proviene de la raíz *gisil*, «flecha». Puede considerarse, asimismo, un hipocorístico de nombres de esta procedencia que incorporan este radical en su formación, como Giselberga.

Historia: Santa Gisela —también conocida con el nombre de Isberga— fue la hermana de Carlomagno y fundó un monasterio benedictino en el que vivió ascéticamente hasta su muerte en el año 806. Por otra parte, Gisela de Hungría —hermana del emperador Enrique II y esposa de Esteban el Santo, rey de Hungría— contribuyó enormemente a la cristianización de esta región centroeuropea.

Variante: Giselda

Hipocorístico: Gigí

Gisela (catalán); **Xisela** (gallego)

GLORIA

25 de marzo

Etimología: Nombre femenino procedente de la forma latina *gloria*, cuyo significado es idéntico al que se asocia con esa palabra en la actualidad: reputación, fama, honor. En su sentido sacro, su significado está relacionado con la palabra *hosanna*, exclamación de júbilo usada en los salmos y en la liturgia cristiana y judía e himno que se canta el Domingo de Ramos.

Historia: El sentido sacro de *gloria* es el responsable de que sea utilizado como nombre de bautismo. No obstante, lo positivo de su sentido profano también tiene mucho que ver, así como su musicalidad.

Glòria (catalán); **Aintzane** (euskera) ; **Gloria** (gallego)

GONZALO

10 de enero

Etimología: Nombre masculino procedente del germánico *gundisalvus*, que quiere decir «genio del combate». Puede considerarse una contracción de Gonzalvo.

Historia: Durante la Edad Media fue un nombre muy popular en Europa, especialmente en España. A su difusión contribuyó, sin duda, la figura de Gonzalo de Amarante, un dominico portugués que vivió en el siglo XIII una existencia dedicada a la evangelización.

Variante: Gonzalvo

Gonçal (catalán); **Gontzal** (euskera); **Gonzalo** (gallego)

GRACIA

23 de julio

Etimología: Nombre femenino que deriva de la palabra latina *gratia*, «grato, agradable». Asimismo, su significado también puede asociarse al de la palabra actual desde un punto de vista cristiano: «favor sobrenatural y gratuito que Dios concede al hombre para ponerlo en el camino de la salvación».

Historia: El sentido profano de la palabra se asocia a las Tres Gracias de la mitología griega: personificaciones de las hijas de Zeus, diosas de la alegría y la belleza; servidoras de Afrodita. Desde Hesíodo, en la literatura van formando tríada: Eglé (esplendorosa), Eufrósine (bien humorada) y Talía (felicísima). El sentido cristiano, por otra parte, convierte este nombre de pila en una evocación al valor de este favor divino. Este es el sentido que atribuiría a su nombre santa Gracia de Alcira, doncella musulmana del siglo XI que se convirtió en mártir al dar su vida por no renunciar a su fe cristiana.

Variante: Graciela

Gràcia (catalán); **Atsegiñe**, **Gartze**, **Gartzene** (euskera); **Gracia** (gallego)

GREGORIO

3 de septiembre

Etimología: Del griego *egrégorien*, significa «el que vela, el vigilante».

Historia: Entre los muchos santos que tuvieron

este nombre de pila cabe destacar a san Gregorio de Granada, obispo del siglo IV que, de forma milagrosa, consiguió que las mentiras que otro obispo vertió sobre su persona revertieran en el físico del difamante, que adquirió una extrema fealdad. Gregorio es, asimismo, el nombre de numerosísimos papas (en concreto dieciséis), entre los que cabe destacar el nombre de Gregorio I el Magno, renovador de la liturgia e introductor de los llamados en su honor cantos gregorianos. Es considerado patrón de los músicos, los cantantes, los eruditos y los estudiantes.

Hipocorístico: Goyo/Goya

Gregori/Gregòria (catalán); **Gergori/Gergore** (euskera); **Gregorio/Gregoria** (gallego)

GRETA

Sin onomástica

Etimología: Nombre femenino que procede del diminutivo germánico de Margaret, de origen vikingo (Grette).

Historia: La difusión de este diminutivo como nombre de pila se debe a la celebridad de la actriz sueca Greta Garbo (1905-1990), la Divina, que se retiró del cine en el cénit de su carrera cinematográfica, lo que la convirtió en un mito.

Greta (catalán); **Greta** (gallego)

GRISELDA

Sin onomástica

Etimología: Nombre femenino que, posiblemente, fue inventado por Boccaccio en el *Decamerón*, que se inspiraría en algún otro nombre de origen germánico. Está formado por los radicales *grisja* «gris» y *hild* «batalla».

Historia: En el *Decamerón*, Griselda es prototipo de la esposa sumisa y fiel. Aparece posteriormente en obras de autores como Petrarca y G. Chaucer.

Variante: Grisela

Griselda (catalán); **Griselda** (gallego)

GUADALUPE

6 de septiembre (Nuestra Señora de Guadalupe, Extremadura)
12 de diciembre (Nuestra Señora de Guadalupe, México)

Etimología: Nombre femenino que procede del árabe *wadi-al-lub*, «río de cantos oscuros».

Historia: Advocación mariana de la virgen del santuario de Guadalupe. Situado en la localidad cacereña homónima y erigido en este punto por ser allí donde la virgen se apareció en el siglo XIV a un pastor llamado Gil Cordero, a quien comunicó su deseo de tener en aquel lugar un templo. Durante ese siglo fue uno de los centros culturales y artísticos más importantes que tuvo en España la orden jerónima. Alfonso XI mandó edificar la iglesia en acción de gracias por la victoria del Salado. También se alza un santuario dedicado a Nuestra Señora de Guadalupe en la falda del cerro de Tepeyac, en México, donde se produjo, según la tradición, la aparición milagrosa de la virgen al indio Juan Diego, del 9 al 12 de diciembre del año 1531.

Hipocorísticos: Gualupita, Lupe, Pita

Patrona: De Extremadura, de México y de toda Hispanoamérica

Guadalupe (catalán); **Godalupe** (euskera); **Guadalupe** (gallego)

GUIDO/GUIDA

12 de septiembre

Etimología: Nombre de origen germánico, que proviene del radical *witu-*, «madera». Metafóricamente se le otorga el significado de «amplio, extenso», por derivación de «bosque».

Historia: El más famoso de los santos que recibieron este nombre de pila tal vez sea Guido de Brabante. Fue, a mediados del siglo x, sacristán en Laeken, cerca de Bruselas; luego trabajó algún tiempo como comerciante y, finalmente, realizó largos viajes de peregrinación a Jerusalén y Roma. Enfermo de peste, murió después de su vuelta, el 12 de septiembre de 1012 en la belga Anderlecht.

Patrón: De los sacristanes, campaneros y mozos de labranza

Guido, Guiu (catalán); **Guido** (gallego)

GUILLERMO/GUILLERMA-INA

25 de junio

Etimología: Su origen se halla en el nombre germánico Willhem, compuesto por las formas *will-* «proteger» y *-helm* «casco».

Historia: La proliferación de Guillermo como nombre de bautismo se debe a la relevancia de numerosos personajes, tanto religiosos como legos. Entre estos últimos cabe destacar la figura de Guillermo de Aquitania: nieto de Carlos Martel, quien sirvió como general en las campañas de Carlomagno, pero más tarde abandonó la vida militar. En el año 804 fundó en la localidad francesa de Gellone un monasterio que ocupó con monjes benedictinos. En 806 ingresó en el monasterio como hermano lego, y trabajó allí como cocinero. Ya en vida fue muy respetado y, tras su muerte, venerado como un santo.

Variante: Guillén

Patrón: De los armeros

Guillem/Guillema o **Guilleuma** (catalán); **Gilamu, Gillen, Gillelma/Gillelme** (euskera); **Guillerme/Guillelma** (gallego)

GUSTAVO

3 de agosto

Etimología: El origen de este nombre parece ser la combinación de dos formas de distintas procedencias: el sueco *kung-*, que significa «rey» y el germánico *-staff*, que quiere decir «cetro».

Historia: Tal vez su significado ha influido en que Gustavo sea un nombre muy utilizado por los reyes suecos. Entre ellos cabe destacar a Gustavo Adolfo II que reinó entre los años 1611 y 1632. Monarca ilustrado, es considerado el mejor estratega de su tiempo, y auténtico artífice de la grandeza de Suecia, que convirtió en una gran potencia europea.
Gustau (catalán); **Glamu** (euskera); **Gustavo** (gallego)

GUZMÁN

Sin onomástica

Etimología: Procede del germánico y está compuesto por los radicales *gut-*, «bueno» y *man-*, «hombre»

Historia: La utilización de Guzmán como nombre de pila es debida a la popularidad de un militar castellano del Medievo que lo llevaba como apellido: Alfonso Pérez de Guzmán, conocido como Guzmán el Bueno. Se ganó su sobrenombre al preferir sacrificar a su hijo, prisionero de los musulmanes, antes que entregar Tarifa, plaza que volvió a defender con éxito en otras dos ocasiones.

H

HADA

Sin onomástica

Etimología: Nombre femenino que procede del latín *fata*, derivado a su vez de la voz *fatum*, «destino».

Historia: La capacidad de intervenir en el destino de los hombres y de adivinar, por tanto, el futuro son dos de las características que definen a estos seres fantásticos, generalmente de carácter bondadoso. Las hadas, que desempeñan un papel importante en las leyendas medievales, tienen su origen en Oriente. Los persas las transmitieron a los árabes, y estos a los españoles; más tarde se extendió la creencia por Europa. Algunas de estas hadas tienen nombre propio; así, las más célebres son Viviana, la Dama Blanca y Morgana.

Fada (catalán); **Hada** (gallego)

HASÁN

Etimología: Nombre masculino de origen árabe que significa «bello».

Historia: La enorme difusión de Hasán en el mundo árabe se debe a que fue el nombre de uno de los hijos de Alí y de Fátima y, por tanto, un nieto de Mahoma. Hasán nació alrededor del año 625 y fue proclamado califa de Irak tras la muerte de su padre. Después de negarse a atacar a los sirios, renunció al califato y se retiró a Medina, donde murió en el año 669.

Hassan (catalán); **Hasán/Hassan** (gallego)

HÉCTOR

Sin onomástica

Etimología: Nombre masculino cuyo origen es el griego *hektor*, que significa «el dueño, el que posee».

Historia: Es el nombre de un famoso héroe troyano, cuyas hazañas se cantan en la *Ilíada*, la tragedia griega atribuida a Homero. Hijo del rey Príamo y esposo de Andrómaca, Héctor es el principal defensor de Troya. Muere en combate a manos de Aquiles, que vengó de este modo la muerte de su amigo Patroclo.

Hèctor (catalán); **Heitor** (gallego)

HEIDI

16 de diciembre

Etimología: Nombre femenino, hipocorístico del alemán Adelheid.

Historia: La difusión de este nombre de pila se debe a la popularidad de Heidi, protagonista de la obra homónima de la escritora suiza en lengua alemana Johanna Spyri. Dicha obra, escrita en el año 1881, inspiró a su vez la serie de dibujos animados japonesa que emocionó hasta el llanto a los niños a mediados de los años setenta.

HERNÁN

Etimología: Nombre masculino. Apócope de Hernando que, a su vez, procede del nombre de pila Fernando. El cambio de *f* por *h* se debe a una tendencia del español medieval: el enmudecimiento de la *f* inicial. La popularidad de este nombre en España durante el Medievo explica la proliferación del apellido Hernández.

Variante: Ernán

Hernán (gallego)

HERVÉ

17 de junio

Etimología: Nombre masculino de origen bretón, pues procede de *haerveu*, «activo en el combate».

Historia: Ciego de nacimiento, Hervé abandonó su Gales natal para trasladarse a Francia, donde fue maestro y cantor. Hacia 550 fundó el monasterio de Lanhouarneau, del que fue abad. Murió en el año 575. Sus reliquias, muy veneradas, están depositadas en la catedral de Nantes.

HILDA

17 de noviembre

Etimología: Nombre femenino de procedencia germánica: *hild*, «batalla». Puede considerarse, asimismo, hipocorístico de nombres de idéntico origen que incorporan la forma *hild-* (Hildegunda,

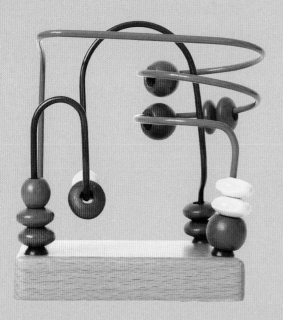

Hildegarda…) o de aquellos en los que -*hild* actúa como sufijo (Leovigilda, Hermenegilda…).

Historia: Santa Hilda puede considerarse una de las figuras femeninas más importantes del cristianismo en Inglaterra. Fundó el monasterio de Whitby, del que fue abadesa hasta su fallecimiento y en el que impuso la liturgia romana y la regla benedictina. Desde dicho monasterio, asimismo, impulsó la cultura y la enseñanza, por lo que fue respetada en vida y venerada tras su muerte.

Hilda (catalán); **Hilda** (gallego)

HORACIO

Sin onomástica

Etimología: Nombre masculino procedente del latín Horatius, nombre de una *gens* romana, tradicionalmente relacionado con *hora*, «hora».

Historia: Horacio —Quintus Horatius Flaccus— fue un poeta romano que vivió entre los años 65 y 19 a. C. Cobró fama por sus *Odas*, en las que analiza a la manera de los griegos, y poniendo de manifiesto sus dotes intelectuales, cuestiones vitales. Es considerado uno de los grandes poetas líricos y didácticos de todos los tiempos.

Horaci (catalán); **Horacio** (gallego)

HORTENSIA

11 de enero

Etimología: Nombre de mujer de origen latino: *hortus*, «huerto, jardín».

Historia: Aunque Hortensia fue el nombre de una *gens* romana, su uso como nombre de pila se debe a la figura de Hortensia de Beauharnais (1783-1837), reina de Holanda al casarse con Luis Bonaparte y madre de Napoleón III. En la actualidad, sin embargo, el nombre de Hortensia se asocia a la flor homónima, de vistosos colores y originaria de Asia y América. Dicha flor recibió este nombre en honor de la dama francesa Hortensia Lapaute.

Hortènsia (catalán); **Hortenso** (gallego)

HUBERTO

3 de noviembre (Huberto, santo)

Etimología: Nombre de origen germánico procedente de las voces *hug-* y *-berht*, que significa «famoso por su inteligencia».

Historia: Una leyenda se teje en torno a la figura de san Huberto: cuando estaba cazando vio cómo se acercaba hasta él un ciervo cuya cornamenta alojaba una cruz resplandeciente. Esta visión provocó su inmediata conversión.

Patrón: De las Ardenas, la diócesis de Lieja, los cazadores, los perros de caza, los guardas forestales; contra las mordeduras de los perros y la rabia en estos, contra la picadura de serpientes y la hidrofobia

Hubert/Huberta (catalán); **Uberta** (euskera); **Huberto/Huberta** (gallego)

HUGO

1 de abril (Hugo de Grenoble y Hugo de Bonnevaux, santos)
29 de abril (Hugo de Cluny, santo)
16 de noviembre (Hugo de Lincoln, santo)
Etimología: Nombre masculino de origen germánico derivado de la partícula *hug-* «inteligencia». Asimismo, podría considerarse hipocorístico de nombres de idéntico origen que incorporan dicha partícula al principio: Hugolino, por ejemplo.
Historia: Nacido en el año 1053 en la ciudad francesa de Châteauneuf-d'Isère, san Hugo fue obispo de Grenoble durante más de cincuenta años. Desde su silla episcopal colaboró activamente en la fundación de la orden cartujana, ya que cedió los terrenos donde se levantaría la Gran Cartuja. Murió el 1 de abril de 1132.
Patrón: De Grenoble; contra el dolor de cabeza
Hug (catalán); **Uga** (euskera); **Hugo** (gallego)

HUMBERTO/HUMBERTO

4 de marzo
Etimología: Nombre de origen germánico formado por *hunn-* («oso») y *-berth* («famoso»).
Historia: Humberto es el nombre del fundador de la casa de Saboya, lo que explica la difusión de este nombre de pila en Italia. Fue, asimismo, el nombre de dos reyes italianos, en los tiempos en que este país transalpino era una monarquía.
Humbert (catalán); **Umberta** (euskera); **Humberto** (gallego)

Westfalia. Fue allí donde Ida se instaló tras la muerte de su esposo para dedicarse a ayudar a los más necesitados, labor para la cual donó todos sus bienes. Por este motivo santa Ida de Herzfeld se ganó el sobrenombre de la «madre de los pobres».

Patrona: De las embarazadas

Ida (catalán); **Ide** (euskera); **Ida** (gallego)

ICÍAR

Sin onomástica

Etimología: Es la forma española del nombre femenino vasco *Itziar*. Su etimología es incierta; puede proceder del topónimo *Iz-i-ar*, una localidad de Guipúzcoa, donde hay una gran devoción por Nuestra Señora de Itziar.

Itziar (catalán); **Itziar** (euskera); **Iciar** (gallego)

IDA

4 de septiembre, 26 de noviembre (Ida de Herzfeld, santa)

3 de noviembre (Ida de Toggenburg, santa)

Etimología: Se trata del hipocorístico de un nombre femenino de pila germánico que se habría originado de *id*, «labor, tarea», elemento que se hallaría al inicio del nombre.

Historia: Ida, hija de condes francos y pariente de Carlomagno, se casó muy joven con el duque de Sajonia Egbert, con quien fundó una iglesia en

IDOIA O IDOYA

Sin onomástica

Etimología: Es un nombre de pila femenino muy común en Navarra, donde existe una gran devoción por Nuestra Señora de Idoia o Idoya. Es posible que su origen se encuentre en el sustantivo *idoi*, que se traduce como «pozo o charco».

IGNACIO

31 de julio (Ignacio de Loyola, santo)

17 de octubre, 1 de febrero (Ignacio de Antioquia, santo y mártir)

Etimología: Algunos asocian este nombre masculino con el latino *egnatius*, que acabó derivando en *ignatitus*, y que se cree deriva de *igneus*, «apasionado, fuego». Sin embargo, no se tiene una certeza absoluta sobre su origen.

Historia: La difusión de este nombre se debe a los diferentes santos así llamados, entre los que destacan san Ignacio de Antioquia, obispo de esa ciudad, y san

Ignacio de Loyola, fundador de la orden de los jesuitas.

Patrón: De los jesuitas y los ejercicios espirituales, los soldados, las embarazadas y los niños; contra la fiebre, los remordimientos y las hechicerías.

Hipocorísticos: Chechu, Nacho

Ignasi (catalán); **Iñaki**, **Iñazio**, **Inaxio** (euskera); **Ignacio**, **Iñacio**, **Inacio** (gallego)

ÍGOR

Sin onomástica

Etimología: La etimología de este nombre ruso es incierta. Por lo general se asocia con el nombre de pila escandinavo *ingvarr*, que está compuesto por *ingwi*, nombre de un dios germánico, y *war*, que se traduce como «preservar, salvaguardar».

Igor (catalán); **Igor** (gallego)

ILDEFONSO

23 de enero (Idelfonso de Toledo, santo)

Etimología: Nombre masculino que procede del germánico *hildifuns*, que se traduce como «preparado para la lucha».

Historia: Ildefonso, nacido en Toledo en el año 607, fue discípulo de san Isidoro de Sevilla y durante toda su vida mostró una enorme devoción por la Virgen María, quien, según la tradición, se le apareció en una ocasión y le obsequió con una casulla para agradecer el gran amor que le tenía.

Patrón: De Toledo y Zamora

Ildefons (catalán); **Albontsa** (euskera); **Idelfonso** (gallego)

IMELDA

13 de mayo (Imelda, beata)

Etimología: Nombre femenino que procede del germánico *irmhilda*, que se traduce como «la fuerza de la lucha».

Historia: Imelda nació en Bolonia en 1321. Sus padres eran los condes Lambertini, quienes la enviaron al monasterio de las dominicas de Valdipietra, para que ellas se encargaran de su educación. Imelda estaba deseosa de recibir la comunión, y por ello pidió en varias ocasiones que se la dieran, pero debido a su corta edad siempre se lo negaron. La última vez que hizo su petición, en la fiesta de la Ascensión, y obtuvo de nuevo una negativa, la niña recibió milagrosamente la comunión y la tradición cuenta que inmediatamente después murió de forma repentina.

Patrona: De los primeros comulgantes

Imelda (catalán); **Imelda** (gallego)

INÉS

21 de enero, 28 de enero (Inés, santa)

Etimología: Nombre de pila femenino que se origina del sustantivo griego *agné*, que significa «pura, inocente, casta».

Historia: Lo que sabemos de la vida de santa Inés proviene en gran parte de testimonios legendarios, según los cuales Inés vivió en el siglo IV y murió decapitada en Roma. Cuenta la tradición que fue pretendida por un prefecto romano que al ser rechazado por la joven la denunció como cristiana y por ello fue martirizada y decapitada.

Patrona: De las vírgenes, los novios, los jardineros y la castidad

Agnès (catalán); **Añes, Aiñes** (euskera); **Einés, Inés** (gallego)

ÍNGRID

2 de septiembre, 9 de octubre (Íngrid Elovsdotter, priora)

Etimología: Nombre femenino escandinavo al que se le atribuyen diversas procedencias. Hay quien lo asocia al nombre de la tribu de los ingviones, pero la teoría más generalizada es que Ingrid deriva de Ing (nombre del dios nórdico de la fertilidad) y de *-fridr*, elemento que se traduce como «hermosura».

Historia: Ingrid nació en la localidad sueca de Schöningen. Se casó joven y al enviudar optó por la vida religiosa y fundó el monasterio de dominicas de Skenninge, del que llegó a ser priora en 1281.

Íngrid (catalán); **Ingrid** (gallego)

INMACULADA

8 de diciembre (fiesta católica de la Inmaculada Concepción de la Virgen María)

Etimología: Nombre femenino que procede del sustantivo latino *inmacula*, «sin mancha».

Historia: El 8 de diciembre de 1854 el papa Pío XII declaró dogma de fe que la Virgen María nació libre del pecado original, «inmaculada».

Hipocorísticos: Concha, Conchi, Inma, Imma

Immaculada (catalán); **Sorkunde, Garbiñe** (euskera); **Inmaculada** (gallego)

ÍÑIGO

1 de julio (Íñigo, santo y abad)

Etimología: De origen incierto, se cree que puede ser vasco y derivar del sustantivo euskera *en-e-ko*, que se traduce como «lugar en una pendiente».

Historia: Iñigo, nacido en Calatayud, ya desde muy joven demostró su inclinación por la vida religiosa e ingresó en el monasterio de San Juan de la Peña. Tras ser ordenado sacerdote, este monje benedictino vivió una vida eremita, entregada a Dios. Fue abad del monasterio de Oña, en Burgos, y autor de varias obras.

Ínyigo (catalán); **Eneko, Anexo, Yeneko** (euskera); **Íñigo** (gallego)

IRACHE

Sin onomástica

Etimología: Nombre femenino vasco que se deriva de la advocación de Nuestra Señora de Irache, cuyo santuario se encuentra en Estella (Navarra). El topónimo se ha originado a partir del sustantivo euskera *iratze*, «helecho».

Iratxe (euskera)

IRENE

22 de enero (Irene de Roma)
5 de abril (Irene de Salónica, santa, virgen y mártir)
20 de octubre (Irene de Portugal, santa y mártir)

Etimología: Nombre femenino de mujer que se deriva del sustantivo griego *eiréne*, que se traduce como «paz».

Historia: Santa Irene de Salónica vivió entre los siglos III y IV y murió víctima de la cruel persecución contra los cristianos que llevó a cabo el emperador Diocleciano.

Patrona: Contra los rayos y los incendios

Irene (catalán); **Ireñeamas** (euskera); **Irene** (gallego)

IRIS

Sin onomástica

Etimología: Procede del griego *eiro*, «revelar».

Historia: Llamada «la diosa de los pies rápidos», Iris era la mensajera de todos los dioses pero especialmente de Zeus y Hera. Esta diosa llevaba los mandatos de los dioses a todos los lugares de la tierra, los mares o los infiernos. También, en nombre de Hera, cumplía con las tareas más duras como asistir a las mujeres agonizantes y cortar el hilo que mantenía unidos al alma y al cuerpo. Muy probablemente esas funciones influyeron en que Iris se convirtiera en la diosa que personifica el arco iris, símbolo de unión de la tierra y el cielo.

Iris (catalán); **Iris** (gallego)

ISAAC

17 de agosto (Isaac, santo y segundo patriarca del pueblo de Israel)
18 de octubre, 19 de octubre (Isaac Jorgues, santo, misionero y mártir)

Etimología: Nombre masculino que se deriva del sustantivo hebreo *izhac*, que se traduce como «muchacho alegre». La Biblia describe cómo el nonagenario Abraham rió cuando Yavhé le anunció que su mujer Sara, también de noventa años, tendría un hijo. Este episodio bíblico explica el otro significado que también tiene el nombre de Isaac: «risa de Yavé».

Historia: Isaac de Jorgues, nacido en Orleans (Francia) en 1607 entró en la Compañía de Jesús siendo muy joven y llevó a cabo durante varios años una labor evangelizadora en tierras de los hurones en Canadá. En 1642 los paganos iroqueses lo apresaron y torturaron, pero él no dudó en continuar su misión incluso en el cautiverio. Finalmente, logró huir y regresar a Francia, pero años más tarde fue elegido como mediador para conseguir la paz entre los franceses y los mohawks y volvió a Canadá.

Isaac (catalán); **Isaka** (euskera); **Isaac** (gallego)

Hipocorísticos españoles: Bela, Chabel, Chabela, Chabeli, Isa, Marisa (María Isabel), Sabel, Sabela
Isabel (catalán); **Elisa**, **Elixabet** (euskera); **Isabela** (gallego)

ISABEL

4 de julio, 8 de julio (Isabel de Portugal, santa)
5 de noviembre (Isabel, santa y madre de san Juan Bautista)
17 de noviembre, 19 de noviembre (Isabel de Turingia, santa)

Etimología: Nombre femenino al que se le atribuyen diversas procedencias; algunos dicen que tiene orígenes célticos; otros le han atribuido un origen babilónico y dicen que el significado de este nombre es «Baal (dios pagano) otorga salud»; otros defienden que es de origen hebreo, y que Isabel deriva de *elisabet*.

Historia: Isabel de Turingia nació en 1207 en el norte de Hungría. Era hija del rey Andrés II y ya a los cuatro años su padre la comprometió en matrimonio con Luis IV de Turingia, con quien se casaría en 1207. Se dedicó a cuidar de su familia y de los pobres y los más necesitados. Cuando su marido murió, la viuda fue desterrada y privada de sus bienes. No obstante, más tarde Isabel fundó un hospital para los enfermos rechazados en los otros centros sanitarios.

Patrona: De Hesse, de Turingia, de Cáritas; de las viudas, huérfanos y mendigos; de los injustamente perseguidos, los enfermos, los panaderos

ISAÍAS

18 de febrero (Isaías Boner, místico y religioso)
6 de julio (Isaías, santo, profeta y mártir)

Etimología: Nombre masculino hebreo bíblico latinizado *isaias* o *esaias*, que significa «Dios salva».

Historia: Isaías era un noble letrado que vivió en el reino de Judá entre 740 y 687 a. C. Es el primero de los cuatro profetas mayores, y su mensaje se centró

en comunicar la esperanza asociada a la venida del Mesías, y a hablar de la santidad de Yavé, la fe y la justicia. Isaías es autor del libro de la Biblia que lleva su nombre, donde no solo se pueden encontrar los oráculos del profeta, sino que también se puede comprobar la influencia que tuvieron sus palabras en su época.

Isaïes (catalán); **Isai** (euskera); **Isaías** (gallego)

ISIDORO

4 de abril (Isidoro de Sevilla, santo)

Etimología: Nombre masculino de origen griego que está compuesto de *isis* (diosa egipcia de la fertilidad) y del sustantivo *doron*, que significa «regalo, don».

Historia: Isidoro de Sevilla fue educado por su hermano Leandro, también santo, a quien sucedería en la sede episcopal de Sevilla en el año 601. Es el santo nacional de España y ha sido llamado «último padre de la Iglesia occidental». Era un hombre de gran sabiduría y que tuvo en su época una enorme influencia en el ámbito cultural.

Patrón: De España

Isidor (catalán); **Isidor** (euskera); **Isidoro** (gallego)

ISIDRO

15 de mayo (Isidro Labrador, santo)

Etimología: Se trata de una variante popular de *Isidoro*.

Historia: San Isidro, de profesión labrador, anteponía siempre la oración al trabajo sin que ello mermara su rendimiento. Por el contrario, su actitud despertó la envidia de los otros labriegos, que veían cómo las cosechas de san Isidro eran las más abundantes.

Patrón: De Madrid, de los labradores; contra la sequía; para tener una buena cosecha

Isidre (catalán); **Isidro** (euskera); **Isidro** (gallego)

ISIS

8 de octubre (Thais [Isis], religiosa, penitente)

Etimología: Procede del sustantivo egipcio *iset*, latinizado *isis*, *isidis*. En egipcio, Isis, nombre de la diosa de la fecundidad y la naturaleza, se escribía con el signo jeroglífico que representa el «trono» o el «asiento», lo que según algunos egiptólogos se debe a que esta diosa podía ser la personificación del poder del trono.

Historia: Personifica a la esposa fiel y a la madre ejemplar y dedicada. Fue una de las principales diosas de Egipto en las épocas tardías, y su culto se extendió durante la época helenística y romana. Isis fue considerada por los romanos diosa universal, y en su honor se celebraban ceremonias secretas de iniciación y grandes fiestas públicas. A Isis se la identificó con Hera (la Juno

latina) y se la llamó «Señora del Cielo, de la Tierra y del Inframundo», «Gran Señora», «Diosa madre», etc.
Isis (catalán); **Isis** (gallego)

ISMAEL
16 de junio (Ismael, obispo)

Etimología: Nombre hebreo bíblico (*yisma'el*) que tiene el significado de «Dios escucha». Se latinizó *ismael*.

Historia: Ismael, hijo de Abraham y de la sirvienta egipcia Agar, es según la tradición, recogida tanto en la Biblia como en el Corán, el antepasado de los pueblos árabes. Siguiendo la costumbre de la época, Saray, esposa de Abraham, al no poder concebir ofreció a su sirvienta Agar como concubina a su marido para que esta pudiera darle descendencia y así lo hizo.

Ismael (catalán); **Ismael** (gallego)

ISRAEL
Sin onomástica

Etimología: No existe una certeza absoluta sobre la etimología de este nombre hebreo (*yisra'el*), que pasó a transcribirse Israel en latín. Según la Biblia, su significado es «el que lucha con Dios».

Historia: Israel fue el sobrenombre que el ángel del Señor dio al patriarca Jacob, hijo menor de Isaac, tras su lucha con él: «Y él le dijo: "No te llamarás en adelante Jacob, sino Israel, pues has luchado con Dios y con hombres, y has vencido".» Después se convirtió en el nombre de uno de los estados del desmembrado reino de Salomón.

IVÁN/IVANA
24 de junio (Iván de Bohemia, príncipe, eremita)

Etimología: Variante rusa y búlgara de Juan, que se ha consolidado como nombre propio.

Historia: Iván, que era príncipe o hijo de príncipes, vivió los últimos catorce años de su vida en una cueva próxima a la ciudad de Praga. En el lugar donde se hallaba su tumba se levantó tiempo después un monasterio de la Orden Benedictina.

Ivan/Ivanna (catalán); **Iván/Ivana** (gallego)

IZASKUN
Sin onomástica

Etimología: Nombre femenino vasco que se deriva de la advocación de Nuestra Señora de Izaskun, cuyo santuario se encuentra en Tolosa (Guipúzcoa). El topónimo es un término compuesto por *izatz*, «retama», y *kun*, «lugar».

JK

JACINTO/JACINTA

30 de enero (Jacinta de Mariscotis, santa)
17 de agosto (Jacinto de Polonia, santo)
7 de noviembre (Jacinto María Castañeda, santo)

Etimología: Nombre griego que deriva del sustantivo *hyacinthos*, que hace referencia a la flor que lleva ese nombre.

Historia: Según la mitología griega, Jacinto fue uno de los amantes del dios Apolo. Mientras ambos hombres jugaban a lanzarse un disco, este golpeó en la cabeza de Jacinto y acabó con su vida. De la sangre que manaba de la herida brotó una flor roja parecida al lirio, a la que se denominó jacinto.

Patrón: De las embarazadas, contra la esterilidad, contra los ahogamientos

Hipocorísticos: Cinto, Cinta
Jacint (catalán); **Gaxinta** (euskera); **Xacinto**, **Chinto** (gallego)

JACOBO

23 de junio (Jacob de Toul)

Etimología: Procede del término latín *iacobus*, a su vez adaptación del hebreo *yah-aqob*, cuyo significado permite varias interpretaciones, entre ellas «el talón de Dios», «la recompensa de Dios» o «el suplantador».

Historia: Jacobo es un personaje del Génesis que vino al mundo agarrado al talón de su hermano gemelo Esaú. Este, que nació en primer lugar, le vendió los derechos de primogenitura a Jacobo a cambio de un plato de lentejas, pero más tarde se negó a cumplir el pacto. Jacobo, molesto por la reacción de Esaú, se disfrazó haciéndose pasar por su hermano para conseguir la bendición y la herencia de su padre.

Hipocorísticos: Jacob, Yago, Santiago, Jaime
Jacob (catalán); **Yakue**, **Jagob** (euskera); **Xacobo**, **Xacobe** (gallego)

JADE

Sin onomástica

Etimología: Nombre que procede del francés *jade*, que hace referencia a la *piedra de la ijada*.

Historia: Parece ser que los conquistadores españoles que llegaron a América aplicaban el jade, piedra semipreciosa de color verde variante de la jadeíta, en los costados del cuerpo humano como remedio para curar dolencias y afecciones. A esta piedra se le atribuyen, entre otras, virtudes protectoras de los riñones.

JAIME

6 de febrero (Jaime Kisai, santo)
13 de abril (Jaime Guidi de Certalbo, beato)
20 de octubre (Jaime de Strepa, beato)

Etimología: Al tratarse de una variante moderna de Jacobo, ambos nombres comparten la misma etimología. Procede del latín Iacomus que, a su vez, deriva del término *iacobus*.

Historia: Jaime es el nombre de uno de los apóstoles de Jesús, más conocido como Santiago. Esta última variante del nombre fue la preferida en el reino de Castilla y León, mientras que Jaime se popularizó en los reinos de Cataluña y Aragón. A partir del siglo XIII, el nombre se difundió por toda la península gracias a la figura del rey de Aragón Jaime I el Conquistador.

Jaume (catalán); **Xaime** (gallego)

JAVIER

3 de diciembre (Francisco Javier, santo)

Etimología: Nombre masculino de origen vasco, procede del euskera *etcheberri*, que se traduce por «casa nueva».

Historia: Nacido en Navarra en 1506, Francisco Javier fue uno de los fundadores de la orden jesuita de la Compañía de Jesús, junto con san Ignacio de Loyola. A lo largo de su vida este jesuita protagonizó numerosas misiones por todo el mundo, desde las Indias hasta Japón, para las cuales se impregnaba de la cultura local estudiando antes su lengua, religión y costumbres.

Patrón: De las misiones, de la India, de los navegantes, de la prensa católica, contra la peste

Xavier (catalán); **Xavier** (euskera); **Xavier** (gallego)

JAZMÍN

Sin onomástica

Etimología: Nombre femenino procedente del persa *jasamin*, que a su vez deriva del árabe *yasamin*, nombre de una flor.

Historia: Al igual que otros nombres como Margarita, Rosa o Violeta, Jazmín hace referencia a una flor; en este caso se trata de una flor blanca de perfume característico que procede de la India. Muy popular en países árabes bajo la forma de Yasmin o Yasmina.

Gessamí (catalán)

JENARO

19 de septiembre (Jenaro, santo)

Etimología: Nombre masculino que procede del latín *ianuarius*, con el que se designa el primer mes del año «enero».

Historia: Según la leyenda, san Jenaro sufrió la persecución de Diocleciano, quien ordenó su muerte. San Jenaro fue lanzado vivo a un horno encendido, pero salió indemne de las llamas. Luego lo arrojaron a los leones, pero estos en lugar de devorarlo se estiraron mansamente a sus pies.

Patrón: De Nápoles; contra las erupciones volcánicas

JENIFER

Etimología: Nombre femenino inglés que procede del gaélico antiguo, cuya traducción al castellano sería Ginebra.

Historia: Este nombre inglés ha adquirido popularidad en España en los últimos años, debido a la influencia que la cultura angloparlante ejerce en todo el mundo. Antes de los años setenta apenas se registraba como nombre propio mientras que en la actualidad es muy común.

JEREMÍAS

5 de marzo (Jeremías de Valaquia, beato)
1 de mayo (Jeremías, profeta)

Etimología: Nombre masculino hebreo que puede proceder del latín *ieremias*, traducido como «Dios se alza».

Historia: Jeremías es uno de los cuatro profetas mayores del Antiguo Testamento. Nacido en Anatot, al norte de Jerusalén, en el siglo VII antes de Jesucristo. Se dice que Jeremías predijo la venida al mundo del Mesías así como la caída de su pueblo a manos de los babilonios.

Jeremies (catalán), **Jeremi** (euskera); **Xeremías** (gallego)

JERÓNIMO

8 de febrero (Jerónimo Emiliano, santo)
30 de septiembre (Jerónimo, santo)

Etimología: Nombre masculino que procede de la forma latina *hieronymus*, que se traduce por «nombre sagrado».

Historia: San Jerónimo está considerado uno de los cuatro padres de la Iglesia latina. Nacido en el año 347 en Dalmacia, tradujo al latín el Antiguo y el Nuevo Testamento.

Patrón: De Dalmacia y Lyon, de los teólogos, los eruditos, los correctores, los estudiantes y las universidades

Jeroni (catalán); **Jerolin** (euskera); **Xeromo** (gallego)

JESSICA

Etimología: Nombre femenino inglés que proviene del latín *iesca*, y que en castellano se traduciría por Jesca.

Historia: Aunque el nombre de Jesca aparece ya en el Génesis para designar a una sobrina de Abraham, en nuestro país su difusión ha sido posterior y se registra como nombre propio a partir de los años setenta del siglo XX.

Hipocorísticos: Jésica, Yesica, Yessica

JESÚS

Etimología: Iesus es la forma latina del griego ieosus, y esta a su vez proviene del hebreo *yehosua*, que se traduce por «Yavé es el salvador», «Yavé es el redentor». Jesús es asimismo una forma abreviada del nombre latino Josué.

Historia: Jesús es el nombre del hijo de Dios, el Salvador de los cristianos, cuyo simbolismo es evidente. El nombre le fue dado por designación divina: cuando el ángel anunció a José la concepción de la virgen María le sugirió que su hijo debía ser llamado Jesús, puesto que él sería el salvador de su pueblo.

Hipocorístico: Chus

Jesús/Maria Jesús (catalán); **Josu/Josune** (euskera); **Xosu/Xesusa** (gallego)

JOAQUÍN

26 de julio (Joaquín, padre de María)

Etimología: Nombre masculino de origen hebreo, procede del compuesto *yehoyaquim*, formado por el apócope de *Yavé* «Dios», y la raíz *yaquim*, «establecer». El nombre se traduciría por «Dios establece» o «Dios dispone».

Historia: Los pocos datos que se conocen sobre la vida del padre de la virgen María proceden del evangelio apócrifo de Santiago. Según este, Joaquín era un anciano que vivía con su mujer, Ana, en Jerusalén. A pesar de sus deseos, la pareja no había logrado tener descendencia. Joaquín y Ana rogaron a Dios que les bendijese con el don de la fertilidad prometiendo entregar a su hijo al servicio de Dios. Poco después un ángel se le apareció a Joaquín y le anunció la llegada al mundo de su hija María, que se convertiría más tarde en madre de Jesús.

Hipocorístico: Quim

Patrón: De los matrimonios, los ebanistas y los comerciantes de tela blanca

Joaquim (catalán); **Yokin**, **Jokin** (euskera); **Xaquín**, **Xoaquín Xocas** (gallego)

JOEL

13 de julio (Joel, profeta menor)

Etimología: Nombre masculino de origen hebreo que procede del latín *ioel*, que se traduce como «Yavé es Dios».

Historia: Joel es el autor de uno de los libros proféticos del Antiguo Testamento, que lleva su nombre, fechado entre los siglos v y vi. En él se describe una terrible plaga de langostas que asoló al pueblo hebreo, así como la venida al mundo del Señor y el día del Juicio Final.

Joel (catalán); **Yoel** (euskera); **Xoel** (gallego)

JONÁS

29 de marzo (Jonás, santo)

Etimología: Nombre masculino derivado del hebreo *yona*, que significa «palomo».

Historia: Jonás es el quinto de los doce profetas menores del Antiguo Testamento, autor de un libro que lleva su nombre. Dicho libro no contiene profecías sino que narra la propia vida del profeta.

Jonàs (catalán); **Xonas** (gallego)

JONATÁN

11 de febrero

Etimología: Nombre masculino que proviene del latín *ionathan*, que a su vez deriva del hebreo *yeho-natan*, cuya traducción es «Dios ha dado» o «regalo de Dios».

Historia: Jonatán aparece en el Antiguo Testamento como el nombre del hijo del rey Saúl e íntimo amigo de David, a quien salvó en más de una ocasión de una muerte ordenada por su propio padre. Como agradecimiento David compuso una elegía tras la muerte de su amigo a manos de los filisteos.

Jonatan (catalán)

JORGE/GEORGINA

23 de abril (Jorge, san)

Etimología: Este nombre proviene del griego *georgos*, que se traduce como «labrador», «campesino».

Historia: Nacido en la región de Capadocia, en Turquía, en el siglo IV, san Jorge formaba parte del ejército romano a las órdenes del emperador Diocleciano. Tras confesar su fe cristiana fue apresado por sus compañeros de filas y torturado hasta su muerte. La leyenda que se

ha creado en torno a su persona lo convierte en uno de los santos más populares en todo el mundo.

Patrón: De Inglaterra, de Génova, de los campesinos, de los mineros, del ganado, de los caminantes, de los presos, etc.

Jordi (catalán); **Gorka** (euskera); **Xurxo** (gallego)

JOSÉ/JOSEFA

19 de marzo (José de Nazaret, santo)

Etimología: Proviene del nombre hebreo *yosef*, que es un hipocorístico del nombre *yehosef*, que se traduce por «Dios da», «Dios otorga».

Historia: A pesar de que son varios los personajes bíblicos que llevan este nombre, el más popular de todos ellos es José de Nazaret, marido de la Virgen María y padre de Jesús.

Patrona: De la Iglesia, de Canadá, México, Austria,

Perú, Filipinas, Baviera, Bohemia, Tirol, de los niños, de los huérfanos, de los carpinteros y ebanistas, de los problemas de vivienda...

Hipocorísticos: Jose, Josechu, Josema, Chema, Pepe, Pepín, Pepón, Pepito, Pito, etc. (masculinos); Pepita, Pepi, Fina, Finita, mariano, etc. (femeninos)

Josep/Josepa (catalán); **Yoseba/Yoseb**e (euskera); **Xosé/Xosefa** (gallego)

Evangelista); de Malta, Borgoña, la Provenza, Florencia, de los sastres, peleteros, curtidores, arquitectos, ebanistas, músicos, cantantes, bailarines, etc. (san Juan Bautista)

Hipocorístico: Jan

Joan/Joana (catalán); **Ganix**, **Jon**, **Joanes**, **Marez/Yoana**, **Jone**, **Joana**, **Maneixa** (euskera); **Xan**, **Xoán/Xoana** (gallego)

JUAN/JUANA

24 de junio (Juan Bautista, santo)

27 de diciembre (Juan, santo, apóstol y evangelista)

Etimología: Nombre que procede del hebreo *yehohanan*, compuesto por *yeho*, una abreviatura de Yavé «Dios», y la raíz *hanan*, «compasivo, misericordioso». El nombre Juan, por tanto, se traduciría por «Dios es misericordioso».

Historia: La popularidad de este nombre en el ámbito cristiano se debe, principalmente, a dos destacados personajes bíblicos: san Juan Evangelista y san Juan Bautista. El primero de ellos fue uno de los doce apóstoles y discípulo predilecto de Jesús, autor del Evangelio que lleva su nombre así como de las Epístolas de san Juan. El segundo se presenta como el profeta que bautizó a Jesús en las aguas del río Jordán, cuya vida de anacoreta y martirio justifican su veneración.

Patrón: De los teólogos, los funcionarios, notarios, escultores, impresores, carniceros, etc. (san Juan

JUDIT/JUDITH

6 de mayo (Judit, mártir)

7 de septiembre o 27 de septiembre (Judit, santa)

Etimología: Nombre femenino que procede del hebreo *yehudit*, que significa «la judía».

Historia: Santa Judit es una de las figuras femeninas más destacadas del Antiguo Testamento. Asediados por las tropas sirias, los habitantes de Betulia desfallecían y Judit, una joven viuda de gran belleza, se ofreció para salvar a su pueblo. Salió de la ciudad y fue a ver al general sirio Holofernes, quien se enamoró de ella al instante. Después de un banquete celebrado en su honor, Judit se introdujo en los aposentos del general y le cortó la cabeza. Sus soldados, aterrorizados, huyeron, liberando así al pueblo israelita.

Judit (catalán); **Xudit** (gallego)

JULIÁN

9 de enero
28 de enero (Julián de Cuenca, santo)
16 de marzo (Julián Anazarbos, santo)

Etimología: Derivado del latín *iulianos*, gentilicio de Julio, «perteneciente a la familia de Julio».

Historia: Son varios los santos así llamados recogidos en el santoral cristiano. Uno de los primeros de los que se tiene constancia es san Julián de Anazarbos, nacido en el siglo IV en Asia Menor.

Patrón: De Auvernia, de los campesinos; contra el robo y las enfermedades del ganado (san Julián de Brioude)

Julià (catalán); **Yulan**, **Illan**, **Julen** (euskera); **Xián**, **Xiao** (gallego)

JULIO/JULIA

12 de abril (Julio I, santo y Papa)
21 de julio (Julia de Troyes, santa)

Etimología: Procede del latín *ulius*, gentilicio del linaje de los Julia, al que pertenecieron destacados personajes, entre ellos Julio César.

Historia: Con este nombre se identificaba a los miembros de la familia Julia, descendientes a su vez de Ascanio (conocido con el sobrenombre de Julus), hijo del legendario Eneas. Este nombre también se ponía a aquellos que habían nacido en el séptimo mes del año.

Juli (catalán); **Yuli** (euskera); **Xulio** (gallego)

JUNCAL

8 de septiembre (Nuestra Señora del Juncal)

Etimología: Nombre femenino que proviene de la advocación mariana de Nuestra Señora del Juncal, patrona de la localidad guipuzcoana de Irún.

Historia: Parece ser que el nombre de esta virgen, la más antigua de Guipúzcoa, proviene del lugar donde hizo su aparición: en un juncal próximo al manantial donde hoy se levanta la iglesia en su honor.

JUSTO

6 de agosto (Justo y Pastor, santos)

Etimología: Nombre de origen latino que proviene de *iustus*, que se traduce por «justo», «ecuánime».

Historia: Los hermanos Justo y Pastor, de 13 y 9 años respectivamente, se dirigían a la escuela cuando vieron en la plaza de la ciudad el edicto del emperador que ordenaba perseguir y matar a los cristianos. Sin pensárselo, corrieron al palacio del gobernador Daciano para reprocharle tal crueldad y confesarse ellos también cristianos.

Patrón: De Madrid (san Justo y Pastor)

Just (catalán); **Xusto** (gallego)

KARIM/KARIMA

Sin onomástica

Etimología: Nombre de procedencia árabe que significa «generoso, amistoso».

Historia: A pesar de ser un nombre popular en el mundo árabe, son pocos los personajes conocidos en Occidente que ostentan este nombre de pila. Entre estos cabe destacar la figura de Karim Kan (1705-1179), príncipe kurdo de Irán que ocupó el poder tras el asesinato de Nadir Shah.

KENNETH

1 de agosto

Etimología: Nombre masculino cuyo origen es el gaélico Coinneach.

Historia: Kenneth fue un monje fundador del monasterio de Llangenydd, en la península galesa de Gower. Posteriormente parece ser que se trasladó a Bretaña, donde murió en el siglo VI.

KEVIN

3 de junio

Etimología: Nombre masculino que deriva del gaélico *caomh*, cuyo significado es «querido».

Historia: San Keivino (derivado latino de Kevin) se considera una de las grandes figuras de la Iglesia católica en Irlanda. Su existencia discurre entre los siglos VI y VII de la era cristiana y en ella destaca sus años como eremita en Glendalough, localidad donde fundó uno de los monasterios más célebres del país celta. Se cree que vivió más de cien años y la veneración que suscita tras su muerte parece ser una prolongación de la que despertó en vida.

Patrón: De Dublín

KILIAN

8 de julio

Etimología: Nombre masculino que procede de la forma céltica del nombre de origen latino Cecilio.

Historia: Nacido en el siglo VII supuestamente en Irlanda, san Kilian desempeñó en la región alemana de Würzburg el cargo de obispo sin sede permanente con sus compañeros Colomano y Totnano.

Patrón: De la diócesis de Würzburg y Franconia, de los blanqueadores y toneleros, contra las enfermedades de la vista, el reúma y la gota

Kilian (catalán); **Kilian** (gallego)

KIM

16 de septiembre

Etimología: Nombre masculino coreano, que deriva del sustantivo *kum*, «oro».

Historia: La difusión de este nombre de pila en Corea es extraordinaria. Así, por ejemplo, es el nombre de los dos últimos dirigentes de Corea del Norte, los comunistas Kim Il Sung y su hijo Kim Dae Jung.

Asimismo, cabe destacar la figura de André Kim, el primer coreano ordenado sacerdote. Murió como un mártir en el año 1846, en Seúl.

KIMBERLEY

Sin onomástica

Etimología: Kimberley es el nombre de una ciudad de Sudáfrica.

Historia: Las heroicas gestas de los ingleses sobre los bóers (habitantes de origen holandés) en la guerra homónima (1899-1902) y en la mencionada ciudad, propiciaron el uso de este topónimo como nombre de pila femenino.

LADISLAO

27 de junio (Ladislao I de Hungría, santo)

Etimología: Nombre masculino de origen eslavo, relacionado con los términos *vlad*, «señor» y *slava*, «gloria». El nombre, por tanto, se puede traducir por «la gloria del señor».

Historia: La consolidación de este nombre en el mundo eslavo se debe a la figura de san Ladislao I, rey de Hungría durante el siglo XI, al que se le atribuyen diversos milagros que lo elevaron a los altares.

Ladislau (catalán); **Ladisla** (euskera); **Ladislau** (gallego)

LAMBERTO

14 de abril (Lamberto de Lyon, santo)
17 de septiembre (Lamberto de Maatricht, santo)

Etimología: Nombre masculino que deriva del germánico *landberth*, formado por las partículas *land*, «tierra», y *berth*, «brillo». Significa «el que es popular en su país».

Historia: Son varios los santos que llevan este nombre, entre ellos el obispo de Lyon y el obispo de Maastricht. Este último fue asesinado hacia el año 705 por orden de un noble con quien el obispo tuvo una agria disputa al descubrir que se había adueñado de bienes que pertenecían a la Iglesia.

Patrón: De Lieja, de Friburgo, de los dentistas y los cirujanos, de los campesinos; contra los problemas del parto, epilepsias, problemas de vista y parálisis

Lambert, Llambert (catalán); **Lamberta** (euskera); **Lamberto** (gallego)

LARA

26 de marzo

Etimología: Nombre femenino que proviene del latín *lar*, que significa «casa», «hogar».

Historia: Cuentan la leyenda que el enamoradizo Zeus quedó prendado de la hermosura de la bella Yuturna —ninfa de las fuentes— y se dispuso a conquistarla. Pero esta rehuía su compañía, por lo que el rey pidió a las demás ninfas que la sujetaran. Solo la ninfa Lara tuvo el valor de mostrar su desacuerdo con semejante confabulación.

Lara (catalán); **Lara** (gallego)

LAURA

19 de octubre (Laura, abadesa y mártir)

Etimología: Nombre femenino de origen latino, procede del término *laurus*, que se traduce por «laurel» y por extensión «laureado», «victorioso».

Historia: Poco después de enviudar, Laura entró en el convento de Santa María de Cuteclara de Córdoba, donde llegó a ser abadesa del mismo. Tras la invasión árabe, fue hecha prisionera; pero a pesar de las torturas no renegó de su fe.

Hipocorísticos: Laureano, Laureana

Laura (catalán, euskera y gallego)

LAVINIA

Sin onomástica

Etimología: Nombre de etimología incierta, al que se relaciona con el nombre de la antigua ciudad del Lacio Lavinium.

Historia: Nombre relacionado con la mitología latina, fue creado por Virgilio para uno de los personajes femeninos de la *Eneida*, hija del rey Latino y la reina Amata y esposa de Eneas, quien la utilizó para reivindicar su derecho al trono.

Lavínia (catalán), **Lavinia** (gallego)

LEILA

Sin onomástica

Etimología: Nombre de origen musulmán que significa «noche». Se registra por primera vez en los romances árabes de la época medieval, que cuentan los amores trágicos de la protagonista.

Historia: Este nombre árabe se introdujo en el mundo occidental a través de la literatura y la música. En literatura, de la mano de autores como el poeta inglés lord Byron, en cuya obra *Don Juan* (1822) aparece una niña musulmana con este nombre. Y en música, gracias a obras como *Los pescadores de perlas*, de Bizet (1863).

Leila (catalán); **Leila** (gallego)

LEÓN

10 de noviembre (León I, el Magno, santo y papa)

Etimología: Nombre proveniente del latín *leo*, «león», que hace referencia a la valentía y audacia de este animal.

Historia: Con León I el Magno el papado alcanzó una de las épocas de mayor esplendor. En el año 452 León I impidió el avance de los hunos en Roma, al hacer frente al mismísimo Atila en el norte de Italia. Fue tal la decisión y dignidad que mostró el papa ante el enemigo que este, impresionado por su valentía, renunció a la invasión bárbara.

Patrón: De los músicos, cantantes y organistas

Hipocorísticos: Leo, Leoncio

Lleó (catalán); **Lon** (euskera); **León** (gallego)

LEONARDO

9 de julio (Leonardo Vechel, santo)

6 de noviembre (Leonardo de Noblac, santo)

Etimología: Se trata de una variante del nombre León al que se le ha añadido el sufijo germánico *hard*, que significa «fuerte».

Historia: Según la leyenda, a los prisioneros que invocaban el nombre de san Leonardo de Noblac se les caían las cadenas. La versión histórica, más realista, afirma que gracias a su amistad con el rey Clodoveo obtuvo la libertad de muchos presos.

Patrón: De todos los asuntos relacionados con el campo, de los cerrajeros, los mineros, de las parturientas; contra el dolor de cabeza y las enfermedades mentales

Lleonard (catalán); **Lonarta** (euskera); **Leonardo** (gallego)

LEONOR

22 de febrero (Leonor o Eleonor, santa)

Etimología: Aunque tradicionalmente se ha considerado una variedad de Elena, su origen es dudoso. Es una abreviatura del nombre inglés Eleonor.

Historia: La bella y cultivada Leonor de Aquitania, tras haber sido repudiada por el rey francés Luis VII, se casó con el rey Enrique II de Plantagenet accediendo así al trono de Inglaterra. De esa unión nació Ricardo Corazón de León, uno de los personajes más representativos de la época de las Cruzadas.

Hipocorísticos: Leonora, Nora

Leonor (catalán); **Lonore** (euskera); **Leonor** (gallego)

LEOPOLDO

2 de abril (Leopoldo de Gaiche, beato)

15 de noviembre (Leopoldo III, santo)

Etimología: Nombre que procede del germánico *leudbald*, que significa «pueblo audaz».

Historia: Nacido en 1705, Leopoldo se casó con Inés, hija del emperador Enrique IV, con la que tuvo dieciocho hijos. Además de un abnegado padre de familia, Leopoldo fue un creyente ejemplar.

Patrón: De Austria

Leopold (catalán); **Leopolda** (euskera); **Leopoldo** (gallego)

LETICIA

18 de agosto

21 de octubre

Etimología: Nombre femenino que deriva del latín *laetitia*, que se traduce por «fecundidad», «fertilidad».

Historia: En el siglo VI, durante la invasión de los visigodos en España, el conde Pelagio se enamoró perdidamente de la pastora cristiana Leticia, quien le rechazó reiteradas veces por su condición de no católico. Solo cuando se convirtió al catolicismo, Leticia le aceptó en matrimonio.

Leticia (catalán); **Ledicia** (gallego)

LÍA

1 de junio

Etimología: Nombre femenino que procede del hebreo *leah*, que significa «cansada», «fatigada».

Historia: Según el Antiguo Testamento, Lía fue entregada por su padre a Jacobo como primera esposa en lugar de su hermana Raquel, que era a quien él pretendía. Fue madre de siete de los doce hijos de Jacob que dieron origen a las doce tribus de Israel.

Hipocorísticos: Lea, Lya

Lia (catalán); **Lia** (gallego)

LIDIA

3 de agosto (Lidia, santa)

Etimología: Nombre femenino que procede del griego Lydia, gentilicio de Lidia, región situada en la costa occidental de Asia Menor.

Historia: Nacida en el siglo I en Filipos, santa Lidia se dedicaba al comercio de púrpura, un tinte que se extraía de un molusco marino. Conocida por su hospitalidad con los cristianos, acogió en su casa a san Pablo, quien se convirtió en su maestro y más tarde la bautizó. Santa Lidia está considerada la primera cristiana europea.

Patrona: De los tintoreros

Lidia (catalán); **Lidia** (gallego)

LIDÓN

15 de agosto (Mare de Déu del Lledó)

Etimología: Nombre femenino que proviene del valenciano *lledó*, que en castellano se traduce como «almez», un tipo de árbol de fruto comestible.

Historia: Este nombre procede de la advocación mariana de *La mare de Déu del Lledó*, patrona de Castellón de la Plana, que en castellano se conoce como Nuestra Señora de Lidón.

LILIANA

10 de mayo

11 de agosto

15 de noviembre

Etimología: Forma castellanizada del inglés Lilian o Lillian, a su vez hipocorísticos de nombres como Elizabeth o Cecilia. También se relaciona con el término latín *lilium*, que designa al «lirio».

Hipocorísticos: Lili, Lilí, Lily

Liliana (catalán); **Lilia** (gallego)

LORENA

30 de mayo (virgen de Lorena)

Etimología: Nombre femenino de origen galo puesto que es la patrona de Lorraine, una antigua región de Francia. También es la patrona de Dinamarca.

Hipocorístico: Lorna

Lorena (catalán); **Lorena** (gallego)

LORENZO

10 de agosto (Lorenzo de Roma, santo)

Etimología: Este nombre se asocia con el término latino *laurus*, que significa «laurel» o «coronado con laurel», puesto que según la leyenda, san Lorenzo nació bajo un árbol de laurel.

Historia: La popularidad de san Lorenzo se debe principalmente al martirio al que fue sometido y a su sentido del humor: quemado lentamente sobre una parrilla de hierro candente, sugirió que le dieran la vuelta para asarlo bien por todos los lados.

Patrón: De los bibliotecarios y archiveros, cocineros, pasteleros, lavanderas, planchadoras, bomberos, universitarios y escolares; contra los peligros del fuego y las enfermedades de la piel

Llorenç (catalán); **Laurentzi, Laurendi, Laurent, Lontxo** (euskera); **Lourenzo** (gallego)

LOURDES

11 de febrero (Nuestra Señora de Lourdes)

Etimología: Nombre femenino de origen vasco que se relaciona con los términos *lorde*, «altura de la costa», *lorr*, «terraplén» o *lurte*, «deslizamiento».

Historia: Este nombre se constituyó como tal a partir de 1858, año en que tuvieron lugar las apariciones de la Virgen María a la joven Bernardette en una cueva de la localidad francesa de Lourdes, situada en los Altos Pirineos. Desde entonces la ciudad de Lourdes se ha convertido en uno de los centros más importantes de peregrinación cristiana.

Hipocorísticos: Milú, Malú (de María de Lourdes)

Lourdes (catalán); **Lorda** (euskera)

LUCAS

18 de octubre (Lucas, evangelista)

11 de diciembre (Lucas Estilita, santo)

Etimología: Nombre masculino de origen latino, proviene del término *lucius*, que se traduce por «luminoso».

Historia: San Lucas fue el autor del tercer evangelio y de los Hechos a los Apóstoles. A pesar de que se conoce poco de la vida de este santo que parece ser que procedía de Antioquia, se sabe con certeza que su profesión era la de médico y que era gran aficionado a la pintura.

Patrón: De Bolonia, Padua, de los médicos, cirujanos, pintores...

Lluc (catalán); **Luka, Luk** (euskera); **Lucas** (gallego)

LUCÍA

25 de marzo (Lucía Filippini)

13 de diciembre (Lucía de Siracusa)

Etimología: Nombre derivado del latín *lucem* que significa «luz». Es posible que la relación de santa Lucía con la vista se deba a la necesidad de la luz para poder ver bien, ya que su biografía no revela ninguna otra.

Patrona: De las modistas, los ciegos, los oculistas y los fotógrafos.

Hipocorístico: Lulú

Llúcia (catalán); **Luce** (euskera); **Lucía** (gallego)

LUCRECIA

23 de noviembre (Lucrecia, mártir)

Etimología: Nombre que procede del término latino *lucror*, que significa «ganancia», «lucro».

Historia: Hija de una familia mora, santa Lucrecia nació en Córdoba en el año 840. Ya a temprana edad renegó de la tradición musulmana de su familia y se convirtió al cristianismo.

Lucrecia (catalán); **Lukertze** (euskera); **Lucrecia** (gallego)

LUIS/LUISA

21 de junio (Luis Gonzaga, santo)

15 de marzo (Luisa de Mariñac, santa)

Etimología: Nombre que procede del francés *louise*, y este a su vez del germánico *hlutwig*, que se traduciría por «glorioso combatiente» o «famoso guerrero».

Historia: Hijo del rey francés Luis VIII, Luis IX nació en el año 1214 en Poissy. Conocido por su profunda religiosidad, este rey protagonizó diversas cruzadas a países del mundo árabe, entre ellos Egipto y Palestina, para convertir a su población. En 1267 partió hacia Túnez con la misma misión; pero una epidemia diezmó a su ejército y acabó con su vida.

Patrón: De los jesuitas y franciscanos, de la ciencia, los peregrinos y los viajeros, los panaderos, peluqueros, tapiceros, encuadernadores de libros, albañiles, comerciantes, etc.

Hipocorísticos: Ludovico, Sito (masculinos); Marisa (de María Luisa) (femeninos)

Lluís (catalán); **Aloxi**, **Koldobika**, **Luki** (euskera); **Loís**, **Luís** (gallego)

LUNA

Sin onomástica

Etimología: Nombre femenino que deriva del término latino *luna*.

Historia: Nombre femenino que se ha popularizado en los últimos años por su carácter simbólico. El significado de este nombre es una clara alusión a la belleza y resplandor del único satélite de la Tierra. La existencia del nombre Sol, documentado ya en la época medieval, era todo un precedente para que Luna adquiriera idéntica categoría.

Lluna (catalán)

LUZ

15 de agosto (Nuestra Señora de la Luz)

Etimología: Nombre femenino procedente de la advocación mariana Nuestra Señora de la Luz, muy popular en diversas ciudades españolas entre ellas Cuenca, de donde es patrona, y Lucena del Puerto (Huelva).

Historia: Parece ser que el origen de este nombre está relacionado con san Juan Bautista de Siruela, superior de un convento franciscano. Se hallaba una noche san Juan rezando a la virgen pidiéndole «que le iluminara» para resolver sus problemas cuando llamaron a la puerta del convento. Al abrir la puerta apareció una intensa luz que iluminó la imagen de la Virgen.

Hipocorístico: Mariluz

Llum (catalán); **Argine** (euskera); **Luz** (gallego)

MACARENA

18 de diciembre

Etimología: Nombre femenino, patronímico de Macario.

Historia: Advocación sevillana de Nuestra Señora de la Esperanza. Su basílica se halla en el barrio de la Macarena, nombre que posiblemente proceda de una antigua construcción vinculada con san Macario, eremita martirizado en el siglo III en Sevilla.

Macarena (catalán); **Macarena** (gallego)

MAGDALENA

22 de julio (Magdalena, discípula de Jesús)

Etimología: Nombre femenino derivado del hebreo *migdal*, «torre», cuya forma griega, *magdala*, da nombre a una ciudad de Galilea. Magdalena, por tanto, es el gentilicio femenino de Magdala, «procedente de Magdala».

Historia: La Magdalena que nos presentan los evangelios se llamaba en realidad María, también conocida como María de Betania. Hermana de Marta y Lázaro, Magdalena se identifica con la pecadora que, arrepentida ante Jesús, le lavó los pies con sus lágrimas y se los secó con su pelo; después fue su discípula, le atendió en la cruz y fue la elegida para anunciar su resurrección a los apóstoles.

Patrona: De las mujeres, pecadoras arrepentidas, escolares y estudiantes, presos, seducidos, peluqueros, perfumistas y fabricantes de cosméticos, jardineros, viticultores, comerciantes de vino y toneleros, fundidores de plomo, tejedores de lana, guanteros y niños con dificultades para aprender a andar; contra las enfermedades de la vista.

Hipocorísticos: Magda, Malena, Lena

Magdalena (catalán), **Maala**, **Matale**, **Madalen**, **Malen** (euskera), **Madalena** (gallego)

MAGNOLIA

Sin onomástica

Etimología: Nombre femenino procedente del occitano *magnan*, término con el que se designaba el oficio de criador de gusanos de seda, que derivó en el apellido Magnol, propio del Mediodía francés.

Historia: El botánico francés Pierre Magnol introdujo en Europa a finales del siglo XVII una planta de origen americano que, en su honor, Linneo bautizó como magnolio. El nombre de la flor, magnolia, se aplica como nombre femenino debido a su belleza y a sus otros atributos, todos ellos con connotaciones positivas: color blanco e intensa fragancia.

Magnòlia (catalán), **Magnolia** (gallego)

MANUEL/MANUELA

1 de enero

Etimología: Nombre procedente del hebreo *immanu-El*, que significa «Dios está con nosotros»; es aféresis de Emmanuel.

Historia: Emmanuel es el nombre profético de Cristo, esto es, el nombre con el que el profeta Isaías denomina al Mesías y que más tarde vuelve a mencionar Mateo. Del siglo VIII al XV, esta forma del nombre de Jesús fue muy utilizada entre los conversos de la península Ibérica para bautizar a sus hijos e hijas, manifestando con ello su conversión.

Hipocorísticos: Manolo/Manola, Manu, Manolito/Manolita, Manolete

Manel/Manela (catalán); **Imanol**, **Manu** (euskera); **Manuel/Manuela** (gallego)

MAR

15 de septiembre

Etimología: Nombre femenino procedente del latín *mare*, que significa «mar».

Historia: Advocación mariana de Nuestra Señora del Mar. A lo largo de la historia la Virgen ha sido siempre objeto de devoción por parte de las gentes del mar, quienes la consideran su auxiliadora. No es extraño, pues, que en la costa española se localicen múltiples ermitas en las que se venera su imagen.

Hipocorístico: Marimar (de María del Mar)

Patrona: Del colectivo marinero, Almería y Santander

Mar (catalán); **Itsasne**, **Itxaso** (euskera); **Mar** (gallego)

MARCELINO/MARCELINA

25, 26 de abril (Marcelino, papa)
2 de junio (Marcelino, mártir)

Etimología: Procedente del latín *marcellinus*, patronímico de *marcellus* que es, a su vez, diminutivo de *marcus*, este nombre alusivo al dios romano de la guerra, Marte, hace referencia a la valentía asociada a esta divinidad.

Historia: Víctima de las persecuciones del emperador Diocleciano, la vida y muerte del mártir romano Marcelino está unida a la del exorcista Pedro. Murió decapitado tras cavar su propia tumba, situada en la Vía Labicana de Roma, donde más tarde Constantino mandaría construir una magnífica iglesia.

Hipocorísticos: Marce, Lino

Marcel·lí/Marcel·lina (catalán); **Markelin/ Markeliñe** (euskera); **Marcelino/Marcelina** (gallego)

MARCELO/MARCELA

16 de enero (Marcelo I, papa)

Etimología: Nombre derivado del latín *marcellus*, diminutivo de *marcus*, en alusión al dios Marte.

Historia: Marcelo I fue elegido papa en 308, poniendo fin a unos años en los que el cargo había permanecido vacante a causa de las persecuciones del emperador Diocleciano. Fue una época caótica para la Iglesia, y Marcelo I no se libró de sus consecuencias: fue destituido y desterrado por Magencio.

Variantes: Marceliano/Marceliana

Hipocorístico: Marce

Marcel/Marcel·la (catalán); **Marcel/Markele** (euskera); **Marcelo/Marcela**

MARCOS

25 de abril (Marcos, evangelista, mártir)

Etimología: Nombre masculino que proviene del latín marcus, término alusivo a Marte.

Historia: Autor de uno de los cuatro evangelios, se cree que san Marcos pertenecía a una familia judía de Jerusalén cuya casa era lugar de reunión de los primeros cristianos. Realizó dos viajes misioneros, a Antioquia y a Chipre y se estableció en Roma donde conoció a san Pedro, con quien mantuvo una estrecha relación que, posiblemente, originara la redacción del segundo evangelio. Marcos viajó a Alejandría donde murió a manos de la muchedumbre. Cuando los paganos quisieron quemarlo, se desató una repentina lluvia que apagó el fuego. Los cristianos recuperaron su cuerpo, cuyas reliquias se custodian en la catedral de Venecia, que lleva su nombre.

Patrón: De Venecia, los abogados, escribanos y notarios, los cristaleros y artistas de vitrales, los albañiles y obreros de la construcción, los cesteros y fabricantes de esterillas y los cautivos; para el buen tiempo y las lluvias benéficas; contra la tormenta, el granizo y la muerte repentina

Marc (catalán); **Marka**, **Mark** (euskera); **Marcos** (gallego)

MARGARITA

18 de enero (Margarita de Hungría, reina, religiosa)
17, 20 de julio (Margarita de Antioquia, mártir, santa auxiliadora)
16 de octubre (Margarita María Alacoque, religiosa, mística)
16 de noviembre (Margarita de Escocia, reina)

Etimología: Nombre femenino procedente del latín *margarita*, que significa «perla». El término latino proviene del griego *margaritis*, que, a su vez, podría derivar del persa *murvarid*, «criatura de luz», o del sánscrito *manjarit*, «ramo de flores».

Historia: Son muchas las santas que han llevado este nombre, y es difícil destacar a una sola pues varias de ellas tuvieron hechos remarcables en sus vidas. Margarita María Alacoque recibió el mensaje del Sagrado Corazón de Jesús en sus visiones; Margarita de Escocia y Margarita de Hungría fueron ejemplo de humildad y caridad y contribuyeron a extender la doctrina cristiana… y Margarita de Antioquia, santa auxiliadora y perteneciente al grupo de las tres santas vírgenes capitales, cuya vida, sin datos históricamente comprobados, pertenece a la leyenda.

Patrona: De los campesinos, las mujeres, las niñas, las vírgenes, las embarazadas, las parturientas, las nodrizas y las comadronas; para la fertilidad (de las mujeres y también de las cosechas) y los partos difíciles; contra las enfermedades faciales y las heridas.

Hipocorísticos: Marga, Magalí (provenzal), Margot (francés)

Margarida, **Margalida** (catalán); **Bitxilore**, **Margarite** (euskera); **Margarida** (gallego)

MARÍA

15 de agosto (Día de la Asunción)

8 de septiembre (nacimiento de María, madre de Dios)

Etimología: Nombre femenino que corresponde al hebreo Miriam, derivado del término egipcio *myryam*, formado por las partículas *myr*, «amada», «preferida», y *yam*, «Dios». Por tanto, puede traducirse por «la preferida de Dios».

Historia: Su uso como nombre femenino estuvo restringido durante muchos siglos al estimar que el nombre de la Virgen era demasiado sagrado para que lo llevara una persona; en su lugar se utilizaban los nombres de las advocaciones marianas (Soledad, Amparo, Asunción…). Hija de Ana y Joaquín, María se prometió a José, carpintero de Nazaret. Antes de que conviviesen como esposos, se le apareció el arcángel san Gabriel anunciándole que sería la madre de Dios. Cuando José reparó en el embarazo de María renunció a casarse con ella, pero, disuadido por un ángel, finalmente aceptó y ambos viajaron a Belén a tramitar el censo. Allí María dio a luz a su hijo, al que llamó Jesús.

Hipocorísticos: Mari, Maruja

Patrona: De la cristiandad

Maria, **Mariona**, **Marieta** (catalán); **Maia**, **Maritxu**, **Miren**, **Mari** (euskera); **María**, **Maruxa** (gallego)

MARIANO/MARIANA

9 de febrero (Mariano Escoto, abad)

30 de abril (Mariano, mártir)

Etimología: El término latino Marianus es el patronímico de Marius, nombre de una *gens* («línea de descendencia masculina») romana.

Historia: Nacido hacia el año 1020 en Irlanda, Mariano Escoto se estableció en Baviera a la vuelta de un viaje de peregrinación a Roma. Posteriormente se hizo monje benedictino y llevó a cabo diversas fundaciones, entre la que destaca la de la famosa abadía de St. Jakob, donde fue enterrado en 1088.

Marià/Mariana (catalán); **Maren** (euskera); **Mariano/Mariana** (gallego)

MARINA

12 de febrero (Marina, santa)

Etimología: Nombre femenino procedente del latín *marinus*, que significa «perteneciente al mar», «marino».

Historia: Dice la leyenda que Marina, disfrazada de hombre, ingresó en un monasterio de monjes. Un tiempo después la expulsaron de la congregación, pues la acusaron de ser el padre de un hijo ilegítimo. Se hizo cargo del niño y nunca reveló su verdadero sexo, que no sería descubierto, junto con su inocencia, hasta su muerte. Tras esta su veneración se extendió por Oriente.

Variante: Marín

Marina (catalán); **Mariñe** (euskera); **Mariña** (gallego)

MARIO

19 de enero (Mario, santo)
31 de diciembre (Mario de Avanches, obispo)

Etimología: Nombre masculino derivado del latín Marius, término con el que los romanos denominaron a una de sus *gens* («línea de descendencia masculina»).

Es probable que sus orígenes se hallen en el etrusco Maris, «Marte»; en consecuencia significaría «perteneciente a Marte» y, por tanto, «guerrero», «combatiente».

Historia: Mario, de origen persa, viajó a Roma con su mujer, Marta, y sus hijos, Audifax y Abacú, para visitar las catacumbas de los apóstoles y mártires. Durante su estancia en la capital italiana todos los miembros de la familia fueron víctimas de la persecución a los cristianos del siglo III, ya que murieron como mártires junto a la Vía Cornelia.

Màrius (catalán); **Mario** (gallego)

MARTA

29 de julio (Marta de Betania, discípula de Jesús)

Etimología: Nombre femenino procedente del arameo *mar*, «señor»; por tanto, puede traducirse por «señora».

Historia: Hermana de María Magdalena y Lázaro, Marta aparece en los evangelios como la afanosa y solícita ama de casa que lo prepara todo para atender a sus huéspedes, entre ellos Jesús. También está presente cuando Jesús resucita a su hermano Lázaro.

Patrona: De las amas de casa, cocineras, lavanderas, criadas, empleadas del hogar y trabajadoras en general, los mesoneros, hosteleros y administradores de hospitales, las hermanas de la caridad, el hogar, los escultores y pintores y los moribundos; contra las hemorragias y la peste.

Marta (catalán); **Marte** (euskera); **Marta** (gallego)

MARTÍN/MARTINA

3, 5 de noviembre (Martín de Porres, hermano lego)
11 de noviembre (Martín de Tours, obispo)

Etimología: Nombre masculino derivado del latín *martinus*, que significa «perteneciente a Marte», «guerrero».

Historia: Cabe mencionar a Martín de Porres por hallarse entre los pocos santos surgidos de la Iglesia sudamericana; pero sin duda la figura más destacada, a quien se debe además la difusión de este nombre, es san Martín de Tours, que fue nombrado obispo por aclamación popular. Episodios como el que tuvo lugar cuando se partió la capa con un mendigo que tenía frío, explican ese fervor popular.

Patrón: De los soldados y caballeros, sastres, tejedores, curtidores y fabricantes de cepillos, caballos, gansos y animales domésticos, hosteleros, molineros, viticultores y toneleros, armeros y fabricantes de herraduras, pastores, pobres, fabricantes de guantes y sombreros, viajeros, presos y abstinentes; para la fertilidad del campo; contra las enfermedades de la piel y mordeduras de serpiente

Martí (catalán); **Martiñ**, **Matin**, **Maxin** (euskera); **Martiño** (gallego)

MATEO

7 de enero (Mateo de Girgenti, obispo)
21 de septiembre (Mateo, apóstol, evangelista)

Etimología: Nombre masculino procedente del hebreo *mattithyah*, «regalo de Dios», término que el griego asimila como *mathaios* y el latín como *mathaeus*.

Historia: Mateo fue uno de los doce discípulos de Jesús y el autor del primer evangelio. Mateo era recaudador de impuestos cuando Jesús lo llamó para formar parte del grupo de sus apóstoles. Exceptuando este dato, apenas se conocen otros de la vida de san Mateo, aunque en torno a su figura se han tejido

diversas leyendas. Entre ellas, cabe destacar la que hace referencia a que abandonó Palestina en el año 42 para dirigirse a Egipto y Etiopía para predicar el evangelio. No se sabe con certeza el momento y la causa de su muerte, pero sí se sabe que la veneración de la que fue objeto en vida se multiplicó de inmediato tras su fallecimiento

Patrón: De los aduaneros, los empleados de Hacienda, la Banca, contables y bebedores; contra el alcoholismo

Mateu (catalán); **Matai** (euskera); **Mateus** (gallego)

MATÍAS

24 de febrero (Matías, apóstol)

Etimología: Nombre masculino procedente del hebreo *mattithyah*, «don de Dios», término que el griego asimila como *mathias* y el latín como *matthias*.

Historia: Pasó a formar parte del grupo de los doce apóstoles como sucesor del traidor Judas Iscariote. Su figura se asocia a diversas tradiciones muy arraigadas. Probablemente procedía de Belén y fue testigo de algunos de los episodios más significativos de la vida de Cristo. Se cree que fue a Macedonia donde, para poner a prueba su santidad, le dieron de beber vino envenenado y, gracias a que invocó el nombre de Cristo, Matías salió indemne del reto. Tras este suceso, volvió a Judea donde murió como mártir.

Patrón: De los obreros de la construcción, carpinteros y ebanistas, carniceros y pasteleros, sastres y herreros;

contra la esterilidad y la tos ferina; en el inicio de la escuela

Maties (catalán); **Mati** (euskera); **Matías**, **Macías** (gallego)

MATILDE

14 de marzo (Matilde, reina)

Etimología: Nombre femenino de origen germánico relacionado con los términos *math*, «poder» y *hild*, «batalla». Por tanto, se puede traducir por «poderosa en la batalla».

Historia: Casada con el rey alemán Enrique I (siglos IX-X), dedicó su vida a la caridad y fundó varios monasterios. Tras la muerte de su esposo se produjo el enfrentamiento de sus hijos por la sucesión y, acusada de malgastar los bienes de la corona en sus donaciones a favor de los pobres, renunció a su herencia y se retiró, llevando una vida monástica hasta el fin de sus días.

Hipocorístico: Mati

Matilde (catalán); **Matildhe** (euskera); **Matilde** (catalán)

MAURO

15 de enero (Mauro de Subiaco, abad)
20 de enero (Mauro de Cesena, obispo)

Etimología: Nombre masculino procedente del latín Maurus, que puede traducirse por «mauritano», «procedente de Mauritania». Por extensión, adquirió también el significado de «moreno», aludiendo al color de la piel de los originarios de esa antigua región africana que ocupaba el actual Marruecos y parte de Argelia.

Historia: Discípulo de san Benito de Nursia, se cree que Mauro de Subiaco fue quien instauró la regla benedictina en la Galia en el siglo VI, fundando allí su propia congregación. Según la leyenda poseía milagrosos poderes curativos.

Variantes: Mauricio/Mauricio, Mauricio/Maurilia, Maurilo/Maurila, Maurino/Maurina

Patrón: De los carboneros y caldereros, sastres y zapateros; contra el reumatismo, gota, resfriados, ronquera, dolor de cabeza, parálisis y enfermedades en general

Maur/Maura (catalán); **Maure** (euskera); **Mauro/Maura** (gallego)

MAX

13 de agosto (Máximo Confesor, santo)

Etimología: Procedente del latín *maximus*, superlativo de *magnus*, «grande», y que, en consecuencia, significa «el más grande», Max es la abreviatura de Máximo; pero también de todas sus variantes: Maximiano (patronímico), Maximino (diminutivo) y Maximiliano (contracción formada por los apelativos latinos Maximus y Aemilianus). Se trata de nombres que han caído en desuso a favor de Max, que hoy en día es más utilizado tanto en su forma masculina como femenina.

Historia: Considerado uno de los teólogos más importantes de la Edad Media, Máximo Confesor nació hacia el año 580 en Constantinopla. Cuando era un adolescente decidió dedicar su vida a la causa cristiana: fue monje en diversos monasterios, predicó en tierras lejanas y luchó en contra del monoteletismo a través de su palabra y sus escritos. Su fervor en esta batalla le llevó al destierro, pero aun así no cejó en su empeño. Su obstinación le costó la vida en el año 662.

MELANIA

31 de diciembre (Melania la Joven, monja)

Etimología: Nombre femenino derivado del griego *melanios*, que significa «negro», «oscuro», y por extensión, «moreno», «de piel oscura».

Historia: Casada con su primo Piniano, senador de Roma (siglo V), la prematura muerte de sus dos hijos influyó en ella de forma decisiva. Ambos renunciaron a su fortuna, donándola a los pobres, y a su vida matrimonial; Melania, que colaboró con san Agustín de Hipona, fundó una comunidad de vírgenes consagradas en el monte de los Olivos, donde permaneció como monja hasta su muerte.

Hipocorísticos: Mel, Meli

Melània (catalán); **Melania** (gallego)

MELCHOR

6 de enero (Epifanía de Nuestro Señor)

Etimología: Nombre masculino de origen hebreo relacionado con los términos *malki*, «rey», y *ur*, «luz»; puede traducirse, por tanto, por «rey de la luz».

Historia: Según la tradición cristiana, Melchor fue uno de los tres magos extranjeros que fueron a adorar y a presentar sus ofrendas a Jesús recién nacido. El apelativo «mago» se debe a que así es como los orientales denominaban a sus doctores (en persa *magus* significa «sacerdote»); posteriormente se les otorgó a estos tres personajes el título de reyes, para destacar su importancia. Se identifica a Melchor con el rey blanco, representante de los pueblos semitas mediterráneos.

Melchor/Melciora (catalán); **Meltxor** (euskera); **Melchor/Melchora** (gallego)

MELISA

Sin onomástica

Etimología: Nombre femenino procedente del griego *melissa*, que significa «abeja».

Historia: Según la mitología griega fue la ninfa Melissa quien descubrió la miel. En la actualidad su nombre se está popularizando debido a la influencia de las teleseries americanas.

Melissa (catalán); **Melisa** (gallego)

MERCEDES

24 de septiembre

Etimología: Nombre femenino derivado del latín *merces*, que puede traducirse por «precio pagado por una mercancía» y, en sentido figurado, por «recompensa». En castellano antiguo merced tomaba el significado de «perdón», «misericordia».

Historia: Advocación mariana de Nuestra Señora de las Mercedes, cuyo origen se remonta a 1218, cuando san Pedro Nolasc, san Ramón de Penyafort y Jaime I tuvieron una visión de la Virgen en la que les encomendaba la fundación de una orden para liberar a los cristianos cautivos de los sarracenos. Surgió así la Orden de la Merced o de los Mercedarios.

Hipocorísticos: Merche, Merced, Merce, Merceditas

Mercè (catalán); **Eskarne** (euskera); **Mercé**, **Mercés**, **Mercedes** (gallego)

MERITXELL

8 de septiembre

Etimología: Nombre femenino cuya fuente es la población andorrana de Meritxell. De origen incierto, según el filólogo Joan Coromines el nombre de este pueblo proviene de la palabra latina *meridien*, «mediodía» o «sol del mediodía».

Historia: Nombre de la advocación andorrana de Nuestra Señora de Meritxell, cuyo santuario se construyó a raíz del hallazgo de una imagen románica de la Virgen. La talla original (supuestamente del siglo XII) se perdió en un incendio en 1972. Pertenecía a las denominadas «de la mano larga», pues su mano derecha era exageradamente grande y alargada, enfatizando la señal de bendición.

Patrona: De Andorra

Hipocorísticos: Txell, Meri

Meritxell (catalán); **Meritxell** (gallego)

MIGUEL

29 de septiembre (Miguel, arcángel)

Etimología: Nombre masculino procedente del hebreo *mikha-El*, que puede traducirse por «¿quién es como Dios?»; es decir, viene a significar que Dios es incomparable.

Historia: El arcángel san Miguel simboliza la fuerza y la firmeza de los ángeles, pues es el jefe del ejército celestial y vencedor en su lucha con Satanás. Se le asocian diversos apelativos: ángel de justicia, príncipe de las armas, príncipe de los ángeles… y también confidente de Dios, pues comunica sus instrucciones a los hombres. En esta labor de transmisor de los mensajes divinos, se dice que en el siglo V unos campesinos tuvieron la visión del arcángel san Miguel en el monte Sant'Angelo (Italia), donde se erigió para su veneración el santuario más antiguo de los que se conocen; también su aparición sobre un islote de la costa de Normandía dio origen a la célebre abadía del Mont Saint-Michel.

Patrón: De la Iglesia, soldados y paracaidistas, alemanes, vidrieros, pintores, doradores, estañeros y plomeros, sastres, panaderos y comerciantes, farmacéuticos y todos los oficios que utilizan la balanza, fabricantes de balanzas y ajustadores, empleados de banca, cementerios, moribundos y almas del purgatorio; para una buena muerte; contra el rayo y el temporal

Hipocorístico: Miqui

Miquel/Miquela (catalán); **Mikel** (euskera); **Miguel/Micaela** (gallego)

MILAGROS

9 de julio

Etimología: Nombre femenino derivado del latín *miraculum*, que significa «prodigio», «milagro» «maravilla». El castellano antiguo recogió este término como «miraglo», que por metátesis se transformó en el actual «milagro».

Historia: Advocación mariana de Nuestra Señora de los Milagros. Su devoción está muy extendida entre los países de habla hispana y son múltiples las fechas en las que se le rinde culto, según el lugar de veneración.

Hipocorístico: Mila

Miracle (catalán); **Mirari**, **Alazne** (euskera); **Milagres** (gallego)

MINERVA

23 de agosto (Minervo, mártir)

Etimología: nombre femenino procedente del latín *minerua*, que parece derivar de la partícula *men*, «pensar»; podría traducirse, por tanto, por «la pensadora». No se descarta, sin embargo, su origen etrusco.

Historia: Personaje mitológico, Minerva es la diosa romana de la sabiduría, Atenea para los griegos. Nacida, adulta y vestida con armadura, de la cabeza de Júpiter, se convirtió en su fiel consejera en tiempos de paz y en una valiente guerrera protectora de los héroes en las batallas. Su uso como nombre católico se debe a que sobre un antiguo templo de Roma dedicado a Minerva se construyó la iglesia de Santa María Supra Minerva, denominación suficientemente explícita.

Hipocorístico: Mini

Minerva (catalán); **Minerva** (gallego)

MIREYA

15 de agosto

Etimología: Nombre femenino derivado del provenzal *mirèio*, cuyo significado podría ser «maravilla».

Historia: Su popularidad se debe al poema *Mirèio* de Frédéric Mistral (siglo XIX), quien dedujo que este nombre, probablemente, procedía del hebreo Miriam; quizá por ello en la actualidad se lo considera como equivalente de María.

Mireia (catalán); **Miren** (euskera); **Mireia** (gallego)

MIRIAM

1 de enero

Etimología: Son muchas las interpretaciones del origen de este nombre femenino. Una de las más aceptadas es que proceda del hebreo Miriam, derivado del término egipcio *myryam*, formado por las partículas *myr*, «amada», «preferida», y *yam*, «Dios»; según esta teoría podría traducirse por «la preferida de Dios» y equivaldría a María. Otras versiones: del arameo *mara*, «exaltada»; del hebreo *marah*, «amargura»; como «estrella de mar», procedente de las partículas hebreas *me'ir*, «iluminador», y *yam*, «mar»…

Historia: La difusión de este nombre se inició entre los protestantes a partir del siglo XVI, que optaron por los nombres bíblicos del Antiguo Testamento en detrimento de los propuestos por el santoral de Roma (Miriam era la hermana de Aarón y Moisés).

Míriam (catalán); **Miren** (euskera); **Míriam** (gallego)

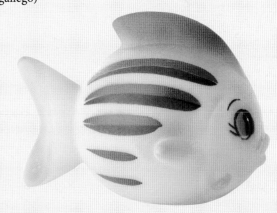

129

MOISÉS

4 de septiembre

Etimología: Nombre masculino cuyo origen es controvertido. El término hebreo *moshé* se puede traducir por «salvado de las aguas», aunque si se toma la voz *mashá*, que en hebreo significa «el que saca», podría interpretarse por «el libertador». Por otra parte es probable que derive del egipcio *mesu*, «hijo».

Historia: Gran patriarca del Antiguo Testamento cuyo cometido era guiar al pueblo de Israel en su huida de Egipto para llevarlos a la Tierra Prometida. Fue, además, quien recibió de Dios la misión de hacer cumplir los diez mandamientos, que le entregó escritos en dos tablas de piedra.

Moisès (catalán); **Mois** (euskera); **Moisés** (gallego)

MÓNICA

27 de agosto (Mónica, madre de Agustín)

Etimología: Nombre femenino procedente del griego *monakos*, «solitario», que deriva de *monos*, «solo». Este término fue asumido por el latín popular como *monicus*, adquiriendo el significado de «monje».

Historia: Madre de san Agustín Hipona, célebre teólogo cristiano, su vida (siglo IV) se resume en la preocupación por que su hijo no cayera en la herejía. Debido a ello es el prototipo de la madre cristiana, siempre pendiente de que sus hijos se eduquen en la fe.

Patrona: De las mujeres y madres cristianas, viudas y mujeres maltratadas

Mònica (catalán); **Monike** (euskera); **Mónica** (gallego)

MONTSERRAT

27 de abril

Etimología: Nombre femenino procedente del término catalán formado por las voces *mont*, «monte», «montaña», y *serrat*, «aserrado». Deriva del latín *mons serratus* y, por tanto, podría traducirse por «montaña en forma de sierra».

Historia: Advocación mariana de Nuestra Señora de Montserrat. Su santuario se halla en la provincia de Barcelona, en la montaña del mismo nombre donde, en una cueva, se encontró una imagen de la Virgen de estilo románico (finales del siglo XII). Se trata de una talla de madera policromada que, como resultado del paso del tiempo, ha tomado coloraciones oscuras en el barniz de su cara y manos, y por ello es conocida familiarmente como «la Moreneta».

Patrona: De Cataluña

Hipocorísticos: Montse, Mons, Munsa

Montserrat (catalán); **Montserrat** (gallego)

como santa. También conoció a Dionisio, el tío de Afra, a quien consagró como obispo de Augsburgo. A su vuelta a Gerona, Narciso murió asesinado a manos de perseguidores de los cristianos.

Patrón: De Girona, Córdoba y Sevilla

Hipocorístico: Ciset (catalán)

Narcís (catalán); **Narkis** (euskera); **Narciso** (gallego)

NADIA

Sin onomástica

Etimología: Se trata del diminutivo del nombre de pila ruso Nadezhna, que significa «esperanza».

Nàdia (catalán); **Nadia** (gallego)

NARCISO

18 de marzo (Narciso de Gerona, mártir)

29 de octubre (Narciso, santo y obispo de Jerusalén)

Etimología: Del griego *narkissos* (nombre de la planta y de las flores que esta produce), que se origina a partir de *narkao*, «soporífero».

Historia: La vida de Narciso de Gerona no está históricamente documentada y gran parte de ella tiene componentes de leyenda. Así pues, según la tradición, este obispo viajó de Gerona a Augsburgo (Baviera), donde conoció a Afra, una prostituta que dirigía un prostíbulo junto a su madre Hilaria y otras mujeres, y que fue convertida y bautizada por Narciso. Afra moriría martirizada y sería venerada por la Iglesia

NATALIA

1 de diciembre (Natalia de Nicomedia)

27 de julio (Natalia de Córdoba, mártir)

Etimología: Se deriva del nombre latino Natalia (femenino de Natalius), que procede del adjetivo *natalis*, «natal». Los primeros cristianos hicieron uso de este nombre aportándole connotaciones religiosas, y asociando su significado a «nacimiento de Jesús».

Historia: Natalia de Nicomedia (Turquía), esposa del mártir Adrián (muerto hacia el año 300, con otros veinticuatro compañeros durante la persecución de Diodeciano), se dedicó al cuidado de los cristianos que fueron hechos prisioneros durante la persecución de Decio. Ella fue la que, según la tradición, trasladó los restos de su esposo a Bizancio (Constantinopla), lugar donde ella finalmente se estableció y donde murió de muerte natural.

Hipocorísticos: Natacha

Natàlia (catalán); **Natale** (euskera); **Natalia** (gallego)

NEFTALÍ

Sin onomástica

Etimología: Procede del verbo hebreo *neftal*, que se traduce por «luchar».

Historia: Neftalí fue el sexto hijo de Jacob, el patriarca bíblico, nacido de su unión con Bala, la esclava de Raquel. esta dijo cuando Bala dio a luz: «Yo he luchado con mi hermana las luchas de Dios, y la he vencido», y por ello llamó al pequeño Neftalí, «el que lucha».

NEREA

12 de mayo (Nereo de Roma, santo y mártir)
16 de octubre (Nereo, santo y mártir en África)

Etimología: No se tiene una absoluta seguridad sobre la procedencia de este nombre. Se cree que puede derivar del griego *náo*, «fluir, nadar».

Historia: Según un epigrama que fue compuesto por el papa Dámaso I —su pontificado se inició en el año 366 y duró hasta 384, año de su muerte—, Nereo y Aquileo, que también ha sido canonizado por la Iglesia, fueron dos soldados romanos que abrazaron la fe cristiana y que fueron por ello condenados durante la persecución del emperador Diocleciano. Según la leyenda san Nereo era un soldado pretoriano que vivió en el siglo I y que fue bautizado por el mismo san Pedro. Nereo acabó siendo decapitado por defender su fe cristiana.

Nereu (catalán); **Nera** (euskera); **Nereo/Nerea** (gallego)

NÉSTOR

26 de febrero (Néstor de Panfilia, santo y mártir)
8 de septiembre (Néstor, santo y mártir)
8 de octubre (Néstor, santo y mártir)

Etimología: Se desconoce el verdadero origen y significado de este nombre de pila masculino. En ocasiones se le ha relacionado con Neso, nombre del centauro que el héroe griego Heracles (Hércules en latín) mató cuando el ser mitológico trataba de secuestrar a su esposa Deyanira.

Historia: Néstor, natural de Gaza (Palestina), murió víctima del martirio en el año 362, durante la persecución de Juliano el Apóstata (emperador romano entre el 361 y el 363). Juliano, que había recibido una educación cristiana, se convirtió al paganismo, y tomó duras medidas para combatir a los cristianos.

Néstor (catalán); **Nextor** (euskera); **Néstor** (gallego)

NICOLÁS

4 de febrero (Nicolás Estudita, santo)
21 de marzo, 25 de septiembre (Nicolás de Flüeli, santo, místico y eremita)
8 de mayo, 6 de diciembre (Nicolás de Myra, santo)
10 de septiembre (Nicolás de Tolentino, santo)
14 de noviembre (Nicolás Tavelic, santo y mártir)

Etimología: Procede del nombre de pila griego Nikolaos (Nicolaus, en latín), y cuyo significado es igual al de Nicodemo: «vencedor del pueblo».

Historia: San Nicolás de Myra es uno de los santos más venerados tanto en Oriente como en Occidente, a pesar de que su vida no está históricamente documentada. Nicolás, nacido en Patras (Grecia), fue educado por el obispo de Myra, su tío, a quien sucedió tras su muerte. Según la tradición, Nicolás fue hecho prisionero durante la persecución de Galerio Valerio Maximino y torturado. Se cree que murió hacia 327, dos años después de haber participado en el Concilio de Nicea (325).

Patrón: De Rusia y Lorena; de los niños, los monaguillos, las vírgenes, los viajeros, molineros, panaderos, carniceros, cerveceros, tejedores, canteros, marinos, pescadores, bomberos; para favorecer un matrimonio feliz y prevenir los peligros del mar

Hipocorístico: Nico

Nicolau (catalán); **Nikolas** (euskera); **Nicolau** (gallego)

NIDIA

Sin onomástica

Etimología: Se relaciona en el latín *nidius*, que se deriva del sustantivo *nitidus*, «transparente, nítido».

Historia: Es el nombre de uno de los personajes de la novela de E. G. Bulwer-Lytton *Los últimos días de Pompeya* (1835), acerca de la erupción del monte Etna en tiempos de los romanos.

NIEVES

5 de agosto (festividad de Nuestra Señora de las Nieves)

Etimología: Este nombre de pila femenino se deriva de la advocación de Nuestra Señora de las Nieves.

Historia: El 5 de agosto del año 352 cayó una gran nevada en la mayor de las siete colinas de Roma, Esquilino, situada al este de la ciudad, a orillas del Tíber. En ese lugar se levantó más tarde la basílica de Santa María de las Nieves.

Neus (catalán); **Edurne** (euskera); **Neves** (gallego)

NILO

19 de septiembre (Nilo, santo, obispo y mártir)
26 de septiembre (Nilo de Rossano, santo)
12 de noviembre (Nilo, santo y abad)
Etimología: Su origen se relaciona con el nombre del famoso río africano de Egipto.
Historia: Nilo nació en Rossano (Italia) en 910, en el seno de una familia griega, e ingresó en la Orden de los Basilios cuando tenía treinta años. Pronto fundó un monasterio en su localidad de nacimiento, donde ya era muy venerado por su pueblo por los milagros que se le atribuían. Debido a los ataques de los sarracenos, Nilo tuvo que huir de Rossano, y continuar su labor en otros lugares. Fundó otros monasterios de basilios y dio el impulso definitivo a la construcción del monasterio de Grottaferrata, cerca de Roma.
Patrón: Contra la epilepsia
Nil (catalán); **Nilo** (gallego)

NINA

14 de enero,
27 de octubre,
15 de diciembre (Nina, santa y evangelizadora de Georgia)
Etimología: Es hipocorístico de los nombres de pila femeninos italianos acabados en *-ina*, como Giovannina, Annina, Stefanina, etc., y de los rusos Catalina y Ana.

Historia: Santa Nina fue hecha prisionera en tiempos de Constantino (siglo IV) seguramente por su labor evangelizadora. No obstante, ella continuó predicando mientras estuvo presa, y se convirtió en un ejemplo y en un gran consuelo para todos los demás prisioneros. La tradición cuenta que santa Nina logró convertir al cristianismo a la familia real y a todo el pueblo georgiano, y para ello le bastó el testimonio que con su vida profundamente cristiana daba a los demás. Murió hacia 330.
Nina (catalán); **Nina** (gallego)

NOA

Sin onomástica
Etimología: Se le atribuyen diversas procedencias. Noa podría ser la forma femenina de Noé, pero también puede estar relacionado con el nombre femenino árabe *nuha*, que deriva del sustantivo *nuha*, «comprensión, idea».

NOELIA

25 de diciembre (Noel, santo y mártir)
Etimología: Femenino del nombre de pila masculino francés Noël (Navidad). Tanto Noel como Noelia son nombres que en el pasado se les ponían a los niños que nacían el día de Navidad. Ahora ambos se han popularizado en España, y se usan independientemente del día de nacimiento del bebé.

Historia: La tradición cuenta que san Noel era un cura francés que vivió en el siglo XVIII y que se dirigió al cadalso recitando una misa.

Noelia (catalán); **Noelia** (gallego)

NOEMÍ

4 de junio (Noemí, santa)

Etimología: Se deriva del nombre femenino hebreo del Antiguo Testamento *No'omí*, que se traduce como «mi delicia».

Historia: Noemí era la esposa de Elimélec y madre de Mahalón y Quelión. Pronto se quedó viuda y sus hijos, casados con Orfa y con Rute, respectivamente, también murieron. Ella pidió a sus nueras que partieran con los suyos y siguieran sus vidas; Rut le contestó: «No me instes más sobre que te deje; porque adoquiera que tú vayas yo iré (...). Tu pueblo es mi pueblo y tu Dios es mi Dios». Rut se quedó junto a su suegra y acabó casándose con el israelita Booz, gracias a la intercesión y los consejos de la generosa Noemí, convirtiéndose así en la antepasada del monarca David.

Noemí (catalán); **Noemia** (gallego)

NORA

Sin onomástica

Etimología: Se forma por la abreviación de los nombres femeninos acabados en -*nora* (Leonora, Eleonora, etc.).

Historia: En su difusión como nombre independiente en España ha influido el uso frecuente que de él se hace en los países del norte de Europa. En Escandinavia se utiliza como hipocorístico de Eleonora y Honora, mientras que en Escocia se considera la forma femenina de Norman.

NORBERTO

6 de junio (Norberto de Xanten, santo)
29 de junio (Norberto di Santa Maria del Orto)

Etimología: Nombre que procede del germánico *nordberth*, que puede traducirse por «hombre del Norte», o por «famoso, célebre». Se latinizó Norbertus.

Historia: Nacido en 1082, Norberto de Xanten, de familia ilustre, dijo en una ocasión: «Estuve en la corte, viví en el monasterio, ocupé altas dignidades en la Iglesia, y en todas partes aprendí que no hay nada mejor que entregarse por completo a Dios». Con estas palabras, Norberto describe lo que en realidad fue una vida intensa, mundana en su juventud, pero profundamente entregada a Dios más tarde. En Francia fundó una comunidad según la regla de san Agustín. Murió el 6 de julio de 1134 y fue canonizado en 1582.

Patrón: De Bohemia; para tener un buen parto

Norbert (catalán); **Norberta** (euskera); **Norberto** (gallego)

NORMA

Sin onomástica

Etimología: Nombre femenino cuya procedencia puede ser germánica (*nordman*, «hombre del norte») o latina (*norma*, «norma o precepto»).

Historia: Su difusión como nombre de pila femenino se debe, sin duda, a la influencia de la protagonista de la ópera *Norma*, del compositor italiano Vincenzo Bellini, estrenada en 1831. En la obra, Norma es una druida gala que compite con la sacerdotisa Adalgisa por el amor de un cónsul romano. Su patriotismo, sin embargo, le impedirá dar rienda suelta a sus pasiones románticas.

Norma (catalán)

NURIA

8 de septiembre (Mare de Déu de Núria)

Etimología: Nombre que se deriva de la advocación mariana de La Mare de Déu de Núria. Su etimología es dudosa, pero podría proceder del vasco *n-uri-a*, que se traduce como «lugar entre colinas».

Historia: Cuenta la tradición que san Gil estuvo viviendo unos años en el valle de Núria, en una cueva. Allí construyó una pequeña capilla y cuando se marchó dejó en ella la imagen de la Virgen que veneraba, una olla y una cruz. Fue precisamente en el lugar donde se encontraba esa cueva, donde en 1640-1648 se construyó el santuario de la Virgen de Núria.

Patrona: De los pastores de los Pirineos; contra la infertilidad femenina

Núria (catalán); **Nuria** (gallego)

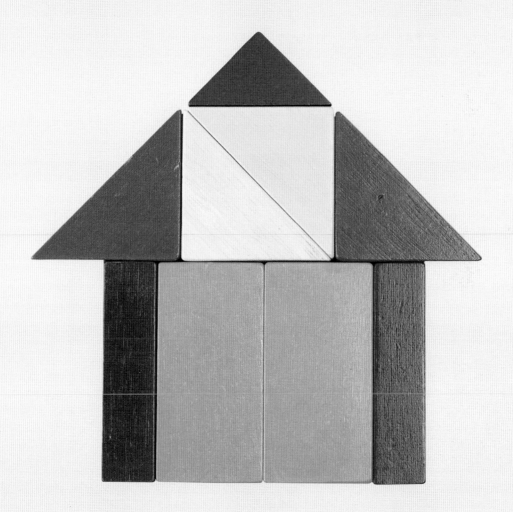

O, MARÍA DE LA

15 de agosto (Nuestra Señora de la Expectación del Parto Divino)

Etimología: Parece ser que este nombre está relacionado con el día de la fiesta de Nuestra Señora de la Expectación del Parto Divino, concretamente con las interjecciones de admiración «¡Oh!» de los cantos que ese día se le dedican a la Virgen.

OBDULIA

5 de septiembre (Obdulia, santa)

Etimología: Nombre femenino que proviene del árabe *abdullah*, combinación de *abd*, «esclava» y *allah*, «Dios». Obdulia significa, por tanto, «sierva de Dios».

Historia: Mártir toledana a la que los árabes quitaron la vida siendo muy joven. Su recuerdo sigue muy presente en Toledo, ciudad donde se conservan sus reliquias. En Castilla ha sido un nombre muy popular durante mucho tiempo, aunque en la

actualidad está cayendo en desuso.

Obdúlia (catalán); **Otule** (euskera); **Odila** (gallego)

OCTAVIO/OCTAVIA

20 de noviembre (Octavio, santo)

Etimología: Nombre que procede del latín *octavus*, que significa «octavo». Este nombre se otorgaba siempre a los hijos nacidos en octavo lugar o en el mes de octubre.

Historia: Célebre militar romano, Octavio hizo pública su fe cristiana, lo que le valió la persecución y el martirio por parte de las tropas del emperador Maximiano Hercúleo, quien ocupó ese cargo desde el año 286 al 305.

Hipocorístico: Octaviano

Octavi (catalán); **Otabi** (euskera); **Octavio** (gallego)

OFELIA

3 de febrero

Etimología: De origen poco conocido, probablemente procede del griego *ofeleia*, que significa «ayuda», «socorro», «la caritativa».

Historia: Este nombre está íntimamente ligado a la literatura ya que al parecer lo inventó Jacobo Sannazzaro para un personaje de su novela pastoril *La Arcadia*. Posteriormente Shakespeare lo inmortalizó en su obra *Hamlet*, convirtiéndolo en uno de los personajes femeninos más relevantes de la literatura universal: la infeliz Ofelia, enamorada de Hamlet, enloquece poco a poco como consecuencia de la indiferencia de este y pone fin a su vida ahogada trágicamente en el río.

Ofèlia (catalán); **Ofelia** (gallego)

OLAF

29 de julio (Olavo de Haraldsson, santo)

Etimología: Nombre procedente del noruego *oláfr*, *aleifr*, *anleifr*, que se podría traducir por «el legado de los antepasados».

Historia: Nacido en 995, Olaf era hijo del rey de Noruega. Tras ser bautizado en Francia, sucedió a su padre en el trono de su país. Desde su posición dedicó todos sus esfuerzos a combatir el paganismo de sus súbditos y lograr su conversión. Para ello erigió numerosas iglesias por toda Noruega y trajo misioneros de Inglaterra y Alemania. Su deseo de implantar el cristianismo en Noruega, no exento de dureza, le reportó numerosos enemigos.

Patrón: De Noruega

OLGA

11 de julio (Olga de Kiev, santa)

Etimología: Nombre femenino ruso de origen escandinavo, deriva del sueco *helogher*, que se traduce por «feliz».

Historia: Nacida alrededor de 880, Olga se casó con el príncipe Igor I de Kiev en el 903. Tras el asesinato de su marido, Olga ejerció la regencia hasta que su hijo alcanzó la mayoría de edad. Durante ese tiempo se convirtió al cristianismo y dedicó grandes esfuerzos a evangelizar Rusia. A pesar de su empeño, no logró grandes éxitos. Murió en el año 969.

Hipocorísticos: Helga, Heila

Olga (catalán); **Olga** (gallego)

OLIVER

11 de julio (Oliver Plunket, santo)

Etimología: Nombre de origen dudoso relacionado posiblemente con el danés *olaver*, que significa «reliquia de los antepasados», o con el germánico *alf-hari*, que se traduce por «ejército de elfos».

Historia: Nacido en 1629 en Irlanda, el católico Oliver Plunket trabajó intensamente en la reconstrucción de la Iglesia irlandesa. A partir de 1674 las leyes anticatólicas se endurecieron hasta tal punto que los sacerdotes como Oliver debían actuar en secreto. Debido a unas falsas acusaciones fue detenido y condenado a muerte por alta traición.

Oliveri (catalán); **Oliver** (gallego)

OLIVIA/OLIVERIO

5 de marzo (Olivia)

27 de mayo (Oliverio)

Etimología: Nombre que procede del latín *oliva*, que significa «aceituna».

Historia: Según la historia, Oliva era una cristiana que vivió en la isla de Sicilia entre los siglos IX y X. Debido a sus creencias fue deportada a los 13 años a Túnez por los invasores sarracenos, donde realizó una gran labor evangelizadora. Finalmente fue ejecutada por el gobernador de la ciudad. Oliva es venerada en Palermo, Sicilia y Túnez, donde se levantó una mezquita en su honor que lleva su nombre.

Olívia (catalán); **Olivia** (gallego)

OLVIDO

8 de septiembre (Nuestra Señora del Olvido)

Etimología: Nombre femenino que proviene del latín *oblitus*, participio pasado de *obliviscor*, que significa «olvidar».

Historia: Cuenta la historia que en 1638, en el convento madrileño de San Francisco, se descubrió la imagen de una virgen que llevaba mucho tiempo encerrada en una antigua vidriera. De todos los nombres propuestos se optó por Nuestra Señora del Olvido, debido al abandono que había sufrido durante siglos.

Oblit (catalán)

OMAR

16 de noviembre

Etimología: Nombre masculino que proviene del árabe *umar*, que significa «el constructor» o también «de larga vida».

Historia: Omar fue el segundo califa del islam. Accedió al cargo en 634 y lo ocupó durante diez años. Magnífico organizador, durante su reinado el islam se extendió más allá de Arabia por gran parte de Oriente Medio, Egipto y Persia. Omar no solo lideró la victoria militar de los musulmanes, sino también un triunfo espiritual y cultural del islam.

Omar (catalán); **Omar** (gallego)

ONDINA

Sin onomástica

Etimología: Nombre femenino procedente del latín *unda*, que significa «onda».

Historia: Personaje fantástico de las leyendas germánicas y escandinavas, mitad mujer mitad pez, que a diferencia de las sirenas vive en el agua dulce de los manantiales. Carente de alma, solo puede conseguirla si un mortal se enamora de ella.

Ondina (catalán); **Ondina** (gallego)

ORIA

10 de marzo (Oria, santa)

Etimología: Forma medieval española del nombre Áurea, que proviene del latín *aurum*, que significa «oro».

Historia: Santa Oria era una religiosa española que vivió en el siglo XI en el monasterio de San Millán de la Cogolla. Quiso estar separada del mundo, y por propia voluntad pasó sus días emparedada. Gonzalo de Berceo escribió en verso su vida en la obra *Vida de santa Oria, virgen*.

Variante: Oriana

Òria (catalán); **Oriana** (gallego)

ORIOL

23 de marzo (José Oriol, santo)

Etimología: Proviene del latín *aureolus*, que se traduce por «de color de oro».

Historia: Nombre catalán que se popularizó a partir del apellido de san José Oriol. Nacido en 1650 en Barcelona, José Oriol fue ordenado presbítero y actuó en su tierra natal como consejero espiritual. Su vida estuvo rodeada de un halo milagroso: durante treinta años vivió únicamente a base de pan y agua y curó a muchos enfermos con solo imponerles las manos después de santiguarles con agua bendita.

Oriol (catalán)

ORLANDO

20 de mayo

Etimología: Nombre masculino que proviene del germánico *ort-land*, que significa «la espada del país». Aunque inicialmente era considerado una variante italiana del nombre Rolando, con el tiempo ha adquirido entidad propia.

Historia: Este nombre se popularizó en la Edad Media gracias a la literatura con obras como la *Chanson de Roland*, la más antigua epopeya francesa que se conoce, el *Orlando enamorado*, de M. Boiado, y el *Orlando furioso*, de Ariosto.

Orland (catalán); **Orlan** (euskera); **Orlando** (gallego)

ÓSCAR

3 de febrero (Anscario, san)

Etimología: Nombre masculino de origen germánico, que más tarde los daneses transformaron en *osgar*, compuesto por las partículas *os*, que significa «dios» y *gar*, que se traduce por «lanza».

Historia: Conocido como san Óscar en los países escandinavos, en la terminología romana se denomina Anscario. Nacido en Francia hacia 801, Anscario ingresó en la orden benedictina. Fue enviado a Suecia y Dinamarca con la misión de transmitir el evangelio, lo que le valió el sobrenombre del «apóstol del norte». Está considerado el introductor del cristianismo en Escandinavia.

Òscar (catalán); **Anskar** (euskera); **Oscar** (gallego)

OVIDIO

23 de agosto (Ovidio, santo y mártir)

Etimología: Nombre masculino que proviene del sustantivo latín *ovis*, que se traduce por «oveja».

Historia: Aunque la historia de este santo está envuelta de controversia, parece ser que san Ovidio o san Audito fue el tercer obispo de Braga, como atestigua un monumento levantado a la entrada de la catedral.

Ovidi (catalán); **Ovidio** (gallego)

PABLO

29 de junio (Pablo, apóstol)

Etimología: Nombre masculino cuyo origen es el adjetivo latino *paulus*, «pequeño».

Historia: San Pablo fue apóstol de Jesús y el más importante misionero del incipiente cristianismo. Llamado apóstol de los gentiles, puede ser considerado el fundador de un cristianismo y de una Iglesia que rechaza toda diferencia de origen nacional, religioso o cultural y el primer teólogo cristiano.

Patrón: De la prensa católica, los teólogos y consejeros espirituales, de las trabajadoras, tejedores, cesteros, cordeleros y guarnicioneros; contra las enfermedades del oído y las convulsiones, las mordeduras de serpiente y el mal tiempo en los viajes en barco; para la fertilidad de los campos, la lluvia y contra el miedo

Variantes: Paulo, Pol, Paulino

PALOMA

15 de agosto

Etimología: Nombre femenino procedente del latín vulgar *palumba*, «paloma». Advocación de la Virgen.

Historia: La representación del Espíritu Santo en forma de paloma y la presencia de esta en numerosas pinturas y esculturas en las que aparece como figura central la Virgen, han convertido este nombre en una advocación mariana.

Patrona: De Madrid

Coloma (catalán); **Usoa** (euskera); **Pomba** (gallego)

PAMELA

Sin onomástica

Etimología: Nombre femenino, evolución del griego *pan meli*, «todo miel».

Historia: La utilización de Pamela como nombre de pila se debe al novelista inglés Philip Sidney, que lo creó para la protagonista de su poema *La Arcadia* (1590), precursor de la novela pastoril.

Pamela (catalán), **Pamela** (gallego)

PANDORA

Sin onomástica

Etimología: Nombre femenino de origen griego: *pan doron*, «todos los dones».

Historia: Según la mitología griega, Pandora fue la primera mujer. Creada por orden de Zeus y adornada con toda suerte de bellezas y virtudes, fue enviada por este a casarse con el hermano de Prometeo. Como regalo de bodas llevaba una caja que contenía todos los males y que ella, presa de la curiosidad, abrió. Así, se esparció por la Tierra todo el mal y su secuela de desgracias.

PASCUAL

11 de febrero (Pascual I, santo)
17 de mayo (Pascual Bailón, santo)

Etimología: Nombre derivado de la voz latina *paschalis*, «relativo a la Pascua».

Historia: Nacido el 16 de mayo de 1540 en la localidad aragonesa de Torrehermosa, fue pastor antes de entrar como hermano lego en los franciscanos. Desde entonces, destacó por la humildad y modestia con la que desempeñaba sus labores en los distintos monasterios en los que estuvo ingresado, así como por sus dones místicos

Patrón: De los pastores y cocineros, y de todas las asociaciones y hermandades eucarísticas

Pascual/Pasquala (catalán); **Bazkoare, Paskal/ Paxkalin, Paskale** (euskera); **Pascual/Pascuala, Pascualina** (gallego)

PASTOR/PASTORA

Sin onomástica

Etimología: Nombre proveniente del latín *pastor*, «pastor». Hace alusión al Buen Pastor, título que se dio a sí mismo Jesucristo.

Historia: La vida de Pastor se halla indefectiblemente unida a la de su hermano Justo. Era menor que este y murió como mártir junto a él en el año 303, durante la persecución de los cristianos de Diocleciano. Su culto tiene gran aceptación en España.

Patrón: De Madrid

Pastor/Pastora (catalán); **Unai/Unaiñe** (euskera); **Pastor/Pastora** (gallego)

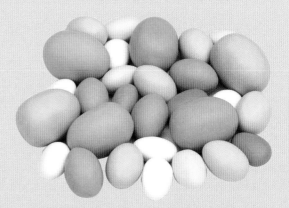

PATRICIO/PATRICIA

17 de marzo (Patricio, santo)

25 de agosto (Patricia, santa)

Etimología: Del latín *patricius*, «relativo al padre», aplicado a los descendientes de los primeros senadores romanos. En la actualidad la versión masculina es poco frecuente; en cambio la femenina es muy habitual.

Historia: Santa Patricia, descendiente del gran emperador Constantino, nació en Constantinopla. Huyó a Roma para evitar el matrimonio. Cuando regresó a la capital, repartió todos sus bienes entre los pobres e inició una peregrinación a Tierra Santa.

Patrón: De Irlanda, de las almas del purgatorio, de los peluqueros, toneleros, herreros y mineros; contra las enfermedades del ganado y las sabandijas

Patrici/Patrícia (catalán); **Patirki/Patirke** (euskera); **Patricio/Patricia**

PAULA

26 de enero (Paula de Roma, santa)

Etimología: Versión femenina de Pablo, proviene asimismo del *paulus* latino, cuyo significado es «pequeño».

Historia: Originaria de Roma, donde nació en el año 347, santa Paula fue educada en la fe cristiana. Después de la muerte de su esposo, se consagró por entero a la vida ascética inspirada por san Jerónimo, a quien siguió a Egipto y Palestina. Las relaciones entre los dos santos no fueron siempre sencillas, sin embargo, san Jerónimo siempre habló de ella con gran respeto.

Paula (catalán); **Paula** (gallego)

PAZ

24 de enero (Nuestra Señora de la Paz)

Etimología: Nombre femenino, procedente del término latino *pax*, «paz».

Historia: Advocación mariana de Nuestra Señora de la Paz, cuya imagen se venera en un santuario de la localidad madrileña de Alcobendas donde, según la tradición, la Virgen se apareció a una pastora. Además de causas religiosas, las connotaciones de tranquilidad y sosiego asociadas a este nombre de pila han contribuido a su difusión.

Pau (catalán); **Gentzane** (euskera); **Paz** (gallego)

PEDRO/PETRA

29 de junio (Pedro, apóstol)

Etimología: Nombre que proviene del arameo *kefas*, con el significado de «piedra», que posteriormente fue traducido al griego como *petrus* y masculinizado en latín desde la palabra *petra*.

Historia: El pescador Simón se convirtió en Pedro a raíz de estas palabras de Jesús: «Tú eres Pedro, y sobre esta piedra edificaré mi Iglesia». Discípulo del Hijo de Dios y su apóstol, es considerado el guía indiscutido de los doce apóstoles y el pilar sobre el que sustenta la Iglesia. Según la doctrina católica, Pedro fue el primer obispo de Roma, y sus sucesores en el cargo (los papas) ocupan su cátedra.

Patrón: De los papas, penitentes y confesantes, de los carniceros, vidrieros, relojeros, carpinteros, cerrajeros, herreros, alfareros, tejedores de redes, marinos, pescadores, pescaderos y náufragos; contra las mordeduras de serpiente, la rabia, la posesión, las dolencias de los pies y los robos

Pere/Petra (catalán); **Pello, Aitz, Betiri, Kepa/ Kepe** (euskera); **Pedro/Petra** (gallego)

PELAYO

25 de marzo (Pelagio de Laodicea, santo)
26 de junio (Pelayo de Córdoba, santo)

Etimología: Evolución de la palabra latina *pelagius* «marino», la forma popular española de este nombre es Pelayo/Pelaya.

Historia: La difusión de este nombre es debida, sobre todo, a la admiración hacia la figura de don Pelayo, fundador del reino de Asturias y héroe de la Reconquista. Sin embargo, tampoco hay que olvidar a san Pelayo, en cuya vida también tuvo mucho que ver las luchas entre moros y cristianos. Nacido probablemente en el año 912 en Galicia, fue educado cristianamente. A los 10 años cayó prisionero durante un enfrentamiento con los moros, que se lo llevaron de rehén. En los tres años siguientes le ofrecieron la libertad a cambio de que abjurara de su fe y abrazara el islamismo, cosa que no hizo y que le costó la vida a la edad de 13 años en Córdoba.

Pelai (catalán); **Pelagi** (euskera); **Paio** (gallego)

PENÉLOPE

Etimología: Nombre femenino, cuyo origen es el término griego *penélops*, «flamenco».

Historia: La *Odisea* relata la historia de Penélope, esposa de Ulises, que durante la ausencia de su marido fue asediada por numerosos hombres que pretendían su mano. Consiguió contenerlos mediante una estratagema: prometió que elegiría marido cuando acabara de tejer la mortaja de Laertes, padre de Ulises, pero cada noche deshacía lo tejido durante el día.

Penèlope (catalán); **Penélope** (gallego)

PILAR

12 de octubre (Nuestra Señora del Pilar)

Etimología: Nombre femenino derivado de la forma latina *pila*, «pilar».

Historia: Advocación mariana de Nuestra Señora del Pilar en Zaragoza, donde la Virgen se apareció al apóstol Santiago sobre un pilar para pedirle que construyera una basílica. La basílica de Nuestra Señora del Pilar, de tres naves y cuatro magníficas torres que se alzan en los ángulos del edificio, es el resultado final de esa petición.

Patrona: De Zaragoza, de España y la Hispanidad
Pilar (catalán); **Arroin**, **Zedarri**, **Abene**, **Zutoia** (euskera); **Pilar** (gallego)

PRISCILA

16 de enero (Priscila, matrona romana)
8 de junio (Priscila, esposa de Aquila)

Etimología: Diminutivo de Prisca, nombre derivado de la voz latina *priscus*, «viejo, antiguo, venerable».

Historia: Mujer de Aquila, la romana convertida al cristianismo Priscila es mencionada en las cartas de san Pablo, con el que al parecer el matrimonio mantuvo una relación estrecha. Se sabe que, aun a riesgo de perder la vida, salvaron al apóstol de un gran peligro y también que le proporcionaron alojamiento y trabajo.

Variante: Prisciliano/Prisciliana
Priscil·la/Priscil (catalán); **Priscila/Priscilo** (gallego)

PURIFICACIÓN

2 de febrero (Nuestra Señora de la Purificación)

Etimología: Nombre femenino procedente del latín *purus*, «puro».

Historia: Advocación mariana de Nuestra Señora de la Purificación, en alusión a la fiesta de la purificación de María, que se celebra cuarenta días después del nacimiento de Jesús. Fue, en efecto, una vez pasada la cuarentena cuando María acudió con su hijo al templo para presentarlo ante Dios y para ser purificada, pues el parto era considerado en la época un acto sucio.
Purificació (catalán); **Garbiñe** (euskera); **Purificación** (gallego)

QUERUBÍN

Sin onomástica

Etimología: Nombre masculino procedente del término hebreo *kerubim*, «querubín».

Historia: La palabra *querubín* designa a cada uno de los espíritus angélicos caracterizados por la plenitud de ciencia con que ven y contemplan la belleza divina. Estos espíritus celestes forman el segundo coro de la jerarquía angélica. Esta establece nueve órdenes o grados de coros —serafines, querubines, tronos, dominaciones, virtudes, potestades, principados, arcángeles y ángeles—, algunos de los cuales también se utilizan como nombre de pila: Serafín, por ejemplo.

QUINTÍN

31 de octubre

Etimología: Nombre de procedencia latina derivado de *quintus*, al que se han añadido los sufijos diminutivos *-inus/ina*, lo que convierte al ordinal en un patronímico.

Historia: San Quintín era hijo de un senador romano que, a mediados del siglo III fue como misionero a Francia, concretamente en la región septentrional de Amiens. Capturado por los perseguidores del cristianismo fue decapitado junto al camino de Amiens a Reims, en la ciudad de Augusta Viromcurdorum, donde actualmente se alza la ciudad de St. Quentin que acoge la iglesia homónima.

Patrón: De los médicos, capellanes, metalúrgicos y sastres. Contra la tos ferina, los resfriados y la hidropesía

Quintí/Quintina (catalán); **Kindin** (euskera); **Quintín/Quintina** (gallego)

QUINTO

10 de mayo

Etimología: Nombre cuyo origen es la forma latina *quintus*, «quinto», aplicado en la antigua Roma al hijo nacido en este lugar.

Historia: Quinto fue, junto con Cuarto, un presbítero que padeció el martirio en Roma durante los primeros años del cristianismo.

Quint/Quinta (catalán); **Quinto/Quinta** (gallego)

QUIRICO

16 de junio

Etimología: Nombre que proviene del latín Quiricus, que a si vez deriva de la voz griega *kyriacos,* «amor a Dios».

Historia: Hijo de santa Julita, una joven madre que huyó de Icono a la ciudad turca de Tarso para librarse de la persecución a la que, como cristiana, fue sometida, sin embargo la suerte no les acompañó. San Quirico tenía por entonces 3 años.

Quirc, Quirze (catalán); **Kirika** (euskera); **Quírico/Quírica** (gallego)

QUITERIA

22 de mayo

Etimología: Nombre femenino procedente de la voz griega kythereia, epíteto de Artemisa por el *quitón,* «túnica», con el que aparece por lo común representada.

Historia: Santa Quiteria es objeto de culto en la región francesa de la Gascuña, así como en España y Portugal, aunque en menor medida. Su biografía está escrita con pinceladas legendarias: su prometido —del que huyó por haberle sido impuesto por sus padres en contra de su voluntad— ordenó que la decapitaran. Se había convertido al cristianismo a la temprana edad de 13 años.

Quitèria (catalán); **Kitere** (euskera); **Quiteria, Quitera** (gallego)

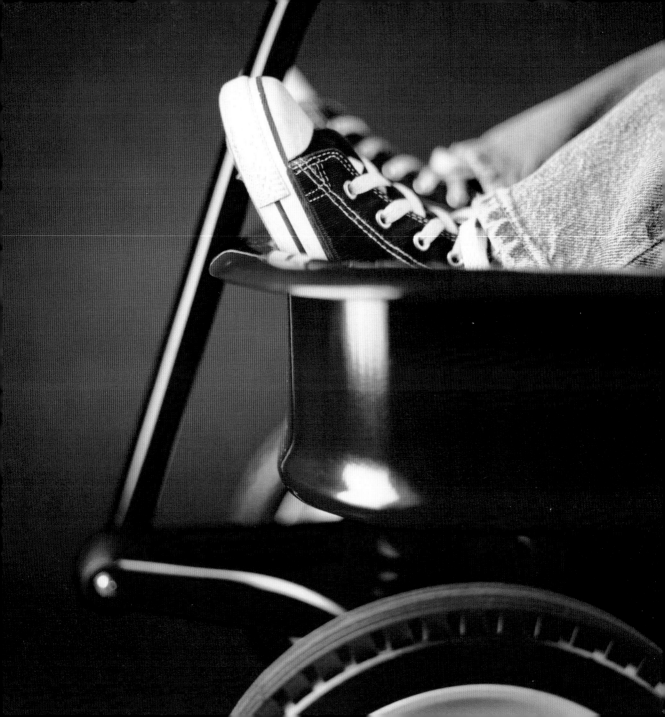

RAFAEL / RAFAELA

6 de enero (Rafaela María del Sagrado Corazón, santa)

29 de septiembre (Rafael, santo)

Etimología: Nombre que proviene del antiguo hebreo *rapha-el*, que significa «Dios ha sanado».

Historia: Rafael aparece en un pasaje del Antiguo Testamento ya que es uno de los cuatro arcángeles, junto con Miguel, Gabriel y Uriel. Rafael curó la ceguera de Tobías, de ahí la etimología de su nombre. A partir del siglo XIV se popularizó por influencia de la tradición apócrifa.

Patrón: De la medicina, de los caminantes y de los matrimonios

Hipocorístico: Rafa

Rafel (catalán); **Errapel** (euskera); **Rafael** (gallego)

RAMIRO

13 de marzo (Ramiro, santo)

Etimología: Nombre masculino de origen germánico, que procede del término *radamir*, que significa «famoso», «célebre», «ilustre».

Historia: San Ramiro fue un mártir del siglo VI que murió en León, junto con otros religiosos del monasterio de San Clodio, a manos de los suevos.

Ramir (catalán); **Erramir** (euskera); **Ramiro** (gallego)

RAMÓN / RAMONA
RAIMUNDO

7 de enero (Ramón de Penyafort)

31 de agosto (Ramón Nonato, santo)

Etimología: Ramón es una variante catalana del nombre Raimundo, que a su vez procede del germánico *regin-mund*, que se traduce por «consejo que protege».

Historia: Parece ser que san Ramón Nonato debe su nombre a que lo extrajeron del cuerpo de su madre cuando esta ya había muerto, hacia 1204. Fue uno de los primeros miembros de la Orden de los Mercedarios, que se dedicaron a la liberación de los cautivos cristianos.

Patrón: De las embarazadas y las nodrizas, de los injustamente acusados

Ramon (catalán); **Erraimundo** (euskera); **Ramón** (gallego)

RAQUEL

2 de septiembre

Etimología: Nombre femenino que proviene del hebreo *rahel*, que significa «oveja».

Historia: Hija de Labán, esposa de Jacob y madre de José, Raquel es una de las figuras femeninas consideradas más importantes del Antiguo Testamento. Jacob y Raquel son los padres de las tribus que forman el pueblo hebreo.

Raquel (catalán); **Raquel** (gallego)

RAÚL

21 de junio (Raúl de Bourges, santo)

Etimología: Nombre masculino contracción de nombres como Radulfo o Rodulfo. Procede del germánico *radwulf*, compuesto por *rad*, «consejo», y *wulf*, «lobo», y se traduciría por «el consejo del lobo».

Historia: San Raúl de Bourges fue obispo de esta ciudad y el primero en ostentar el cargo de Patriarca de los Aquitanos en el año 866. Se le atribuye la fundación de varios monasterios entre los que destaca el de Beaulien-sur-Mémoire.

Raül (catalán); **Raul** (gallego)

REBECA

25 de marzo

Etimología: Nombre femenino de origen hebreo, procede del término *rikvé*, que significa «lazo».

Historia: En el Antiguo Testamento, Rebeca es una de las llamadas matriarcas bíblicas. Esposa de Isaac y sobrina de Abraham, era madre de Esaú y Jacob. Según la leyenda, su nombre, junto con el de otras matriarcas, estaba escrito en el bastón con el que Moisés separó las aguas del mar Rojo.

Rebeca (catalán); **Rebeca** (gallego)

REGINA

18 de enero (Regina Protmann, beata)
7 de septiembre (Regina, santa y mártir)

Etimología: Nombre femenino que proviene del latín *regina* que significa «reina», aunque también se asocia al germánico *ragin*, que se traduce por «consejo».

Historia: Santa Regina fue una mártir francesa del siglo III que se enfrentó a Olibrio, prefecto de las Galias, al que rechazó amparándose en el voto de castidad que había hecho.

Patrona: De los carpinteros, contra las enfermedades en general, contra la sarna y las enfermedades venéreas

Regina (catalán); **Erregiña** (euskera); **Regina** (gallego)

REMEDIOS

3 de febrero (Nuestra Señora de los Remedios)

Etimología: Nombre femenino de origen latino, proviene del término *remedium*, que se traduce por «remedio», «medicina».

Historia: Este nombre proviene de la advocación mariana de Nuestra Señora de los Remedios, como alusión a la intervención de la Virgen en el siglo XIV para erradicar la epidemia de peste que asoló numerosas ciudades de España en esa época.

Remei (catalán); **Osane** (Euskera); **Remedios** (gallego)

RENATO/RENATA

6 de octubre

12 de noviembre

Etimología: Procede del latín *renatus*, que significa «renacido». Fue un nombre utilizado como símbolo por los primeros cristianos que tras el bautismo se sentían renacer a una nueva vida.

Historia: Según una leyenda popular Renato murió a la edad de siete años sin bautizar. Gracias a las oraciones del entonces obispo de Angers, culpable involuntariamente de que no hubiera recibido el auto sacramental, Renato resucitó y con el tiempo ocuparía su cargo.

Patrón: De Angers

Renat (catalán); **Renato** (gallego)

REYES

6 de enero (Epifanía)

15 de agosto (Nuestra Señora de los Reyes)

Etimología: Procede del término latín *rex*, que significa «rey».

Historia: Nombre en la actualidad femenino, pero que en otro tiempo también se usó como nombre masculino, que procede de la advocación mariana de Nuestra Señora de los Reyes.

Patrona: De Sevilla

Reis (catalán); **Reis** (gallego)

RICARDO

7 de febrero (Ricardo el Anglosajón, santo)

3 de abril (Ricardo de Chichester, santo)

9 de junio (Ricardo de Andria, santo)

Etimología: Nombre que proviene del germánico *richhari*, formado por las partículas *rich*, «jefe» y *hari*, «ejército». Ricardo se traduce, por tanto, por «el ejército del jefe».

Historia: Nacido en el año 1198, y tras años de estudios fue nombrado obispo de Chichester, superando al candidato elegido por el rey. Desde ese cargo supo defender valerosamente los derechos de la Iglesia ante las presiones políticas.

Patrón: De los carreteros

Ricard (catalán); **Errikata** (euskera); **Ricardo** (gallego)

RITA

22 de mayo (Rita de Cascia, santa)

Etimología: Aunque en la actualidad tiene entidad propia, en un principio Rita era diminutivo del nombre Margarita, que proviene del latín *margarita*, que significa «perla».

Historia: Una de las santas más populares de la Iglesia Católica, santa Rita es conocida como «la santa de lo imposible».

Patrona: De las situaciones desesperadas, para superar los exámenes, contra la viruela

Rita (catalán); **Errita, Irta** (euskera); **Rita** (gallego)

ROBERTO

17 de septiembre (Roberto Belarmino, santo)

Etimología: Nombre que proviene del término germánico *hruotbertht*, formado por las partículas *hruot*, «fama» y *berth,* «brillante, resplandeciente». Roberto se traduciría por «el que brilla por su fama».

Historia: El auge de este nombre en Europa durante los siglos X y XI se debe principalmente a la fama de varios personajes ilustres que se llamaron así, como los reyes franceses Roberto I y Roberto II, o el duque de Anjou Roberto el Fuerte.

Hipocorísticos: Robin, Ruperto (forma antigua)

Robert (catalán); **Erroberta** (euskera); **Roberto** (gallego)

ROCÍO

24 de mayo o el domingo de Pentecostés

Etimología: Nombre femenino que proviene de la advocación mariana de Nuestra Señora del Rocío. El nombre en sí deriva del latín *roscidus*, que significa «cubierto de rocío».

Historia: Según cuenta la leyenda un cazador rescató de entre la maleza la imagen de una virgen; pero en el momento en que se durmió, la figura regresó al lugar donde se hallaba. Entendido como una señal divina, se construyó en dicho emplazamiento una ermita dedicada a la virgen del Rocío.

Patrona: De Almonte

Rocío (gallego)

RODOLFO

21 de junio (Rodolfo, santo)

Etimología: Nombre cuyo origen se asocia al germánico *hrodwulf*, compuesto de las partículas *hrod*, «gloria», «fama» y *wulf*, «lobo». Rodolfo se podría traducir por «lobo glorioso».

Historia: Además de a san Rodolfo, primer arzobispo de Bourges en el 840, este nombre debe su difusión en Europa a partir del siglo XIX al hecho de que era un nombre frecuente entre los miembros de la casa de los Habsburgo.

Rodolf (catalán); **Errodulba** (euskera); **Rodolfo** (gallego)

RODRIGO

13 de marzo (Rodrigo, santo y mártir)

Etimología: Nombre español de origen germánico, procede del término *hrod-ric*, que se traduce por «rico en gloria», «rico en poder».

Historia: El auge de este nombre durante la Edad Media se debe a la popularidad alcanzada por varios personajes históricos: Rodrigo fue el último rey visigodo en España, derrotado por los árabes en la batalla de Guadalete. Rodrigo también era el nombre del Cid Campeador, héroe nacional protagonista de numerosos cantares de gesta.

Hipocorísticos: Roi, Rodri

Roderic (catalán); **Edrigu, Errodeika** (euskera); **Rodrigo** (gallego)

ROGELIO/ROGELIA

16 de septiembre (Rogelio, santo)

Etimología: Nombre de origen medieval procedente del germánico *hrdo-gair*, que se traduce como «famoso por la lanza».

Historia: Nacido en Granada en el siglo IX, san Rogelio desafió a los musulmanes predicando el evangelio en la mezquita de Córdoba. Como consecuencia de sus actuaciones sufrió la persecución de Abderramán II.

Roger, **Rogeri** (catalán); **Erroxeli** (euskera); **Roxelio**, **Roger** (gallego)

ROMÁN

28 de febrero (Romano de Condat, santo)

9 de agosto (Romano de Roma, santo)

23 de octubre (Romano de Ruán, santo)

24 de noviembre (Romano de Le Mans, santo)

Etimología: Nombre que proviene del gentilicio latino *romanus*, «natural de Roma».

Historia: Este nombre debe su difusión a varios santos así llamados, entre ellos un soldado romano bautizado por san Lorenzo que se convirtió en mártir en el siglo III, el obispo de Ruán, que dedicó sus esfuerzos a luchar contra el paganismo y a atender a los presos, y a san Romano de Le Mans a quien se le atribuyen los numerosos milagros ocurridos sobre su sepultura.

Patrón: De los comerciantes; contra los envenenamientos y ahogamientos

Romè (catalán); **Erroman** (euskera); **Román**
(gallego)

ROQUE

16 de agosto (Roque, san)
15 de noviembre (Roque González de Santa Cruz,
santo)

Etimología: Nombre de etimología incierta, parece
ser que proviene del germánico *hroc*, que se puede
traducir por «corneja», animal sagrado de la mitología
nórdica, aunque también hay que considerar la
posibilidad de que su origen sea latino y proceda del
término *roca*, «roca».

Historia: Este nombre se popularizó a partir del
siglo XIII gracias a la figura de san Roque, noble
francés nacido en Montpellier.

Patrón: De Venecia, Montpellier, y Parma, de los
enfermos, los hospitales y los médicos, contra las
epidemias, contra las enfermedades de las piernas
y rodillas

Roc (catalán); **Erroka** (euskera); **Roque** (gallego)

ROSA

6 de marzo (Rosa de Viterbo, santa)
23 de agosto (Rosa de Lima, santa)
15 de diciembre (Rosa, Maria Crucifixa Paola
di, santa)

Etimología: Nombre femenino que procede del latín
rosa, de idéntico significado.

Historia: Nacida en Lima (Perú) en 1586, santa
Rosa de Lima fue la primera mujer americana en ser
declarada santa por la Iglesia católica.

Patrona: De Sudamérica, Perú, Filipinas, Lima, de los
jardineros; en las disputas familiares, en los partos;
contra las erupciones cutáneas

Rosa (catalán); **Arroxa** (euskera); **Rosa** (gallego)

ROSALÍA

15 de julio (Rosalía de Palermo, santa)

Etimología: De etimología incierta, Rosalía puede ser
un compuesto de Rosa y Lía. O un derivado del latín
rosalis, que se traduce por «de las rosas», o una alusión
a la fiesta romana de las Rosalías, durante las cuales
se echaban rosas sobre las tumbas de los difuntos.

Historia: Según la historia y la leyenda, Rosalía
Sinibaldi, perteneciente a una noble familia
italiana del siglo XII, vivió toda su vida en una
cueva del monte Pellegrino, cerca de Palermo,
donde murió en 1160. Un pescador, tras haber
tenido una visión, descubrió los restos de la
santa. Durante su traslado, allí por donde

pasaban erradicaba la epidemia de peste.

Patrona: De Palermo; contra la peste

Rosalía (catalán); **Errosata** (euskera); **Rosalía**
(gallego)

ROSARIO

7 de octubre (Nuestra Señora del Rosario)

Etimología: Nombre femenino que proviene de
la advocación mariana de Nuestra Señora de los
Rosarios. Etimológicamente se relaciona con el latín
rosarium, que se traduce por «rosal».

Historia: En 1571, año de la famosa batalla de
Lepanto contra los turcos, la victoria sobre el ejército
naval enemigo tuvo lugar el mismo día en que las
cofradías del Rosario celebraban una procesión de
la Virgen, por lo que el éxito militar se atribuyó a la
intervención mariana.

Hipocorístico: Charo

Roser (catalán); **Agurtne**, **Agurtzane**, **Arreen**,
Txaro (euskera); **Rosario** (gallego)

ROXANA

22 de mayo

Etimología: Nombre de origen persa probablemente
relacionado con el término *raushana*, que significa
«resplandeciente».

Historia: Roxana era el nombre de la hija del rey de
Bactriana y esposa de Alejandro Magno. Fue asesinada

en el año 310, junto a su hijo el pequeño príncipe,
por orden de Casandro, un usurpador del trono
macedonio.

Roxana (catalán); **Roxana** (gallego)

RUBÉN

4 de agosto (Rubén, santo)

Etimología: Parece ser que este nombre procede
del hebreo *raá-ben*, que se traduce por «mirad al hijo»
o de *raá beonyí*, «Dios ha visto mi aflicción».

Historia: Primogénito de Jacob y Lía que, como sus hermanos, dio nombre a una de las tribus de Israel que habitaba al este del Jordán y cerca del mar Muerto.

Hipocorístico: Rube

Rubèn (catalán); **Rubén** (gallego)

RUT/RUTH

4 de junio

Etimología: Nombre femenino que procede del hebreo *ruth*, traducido como «belleza».

Historia: Una de las figuras femeninas del Antiguo Testamento, fue la bisabuela de David. Tras la muerte de su esposo se puso a trabajar en las tierras de un pariente rico de su marido, con el que más adelante contraería matrimonio.

Rut (catalán); **Urte**, **Errut** (euskera); **Rut** (gallego)

RYAN

Sin onomástica

Etimología: Nombre masculino que procede del término gaélico *ri*, que se traduce por «rey».

Historia: Este nombre, muy frecuente entre los angloparlantes, deriva del apellido irlandés O'Rian. Se ha popularizado en nuestro país a partir de los años ochenta y noventa debido a la influencia de la cultura sajona.

S

SABINA/SABINO

29 de agosto

Etimología: Nombre procedente del gentilicio latino *sabinus*, «sabinos», antiguo pueblo de la península Itálica, que habitaba entre el Tíber y los Apeninos.

Historia: Sabina fue una viuda romana que fue convertida al cristianismo por Serapia, una mujer que vivía con ella. Ambas fueron perseguidas, martirizadas y asesinadas durante las persecuciones a cristianos que tuvieron lugar en el siglo III.

Sabí/Sabina (catalán); **Sabin/Sabiñe**, **Xabadin** (euskera); **Sabino/Sabina** (gallego)

SABRINA

30 de enero

Etimología: Nombre femenino cuyo origen es la voz latina *severnius*, «que vive junto a la frontera, fronterizo».

Historia: Antaño, el río Saverno, del que procede el nombre propio, era la frontera natural que separaba en la península Itálica los dominios romanos del territorio ocupado por las tribus bárbaras.

Sabrina (catalán); **Sabrina** (gallego)

SALOMÓN/SALOMÉ

13 de marzo (Salomón, rey)

22 de octubre (Salomé, princesa judía)

Etimología: Nombre procedente del término hebreo *shalom*, «paz».

Historia: Hija de Herodes Filipo y de Herodías, Salomé fue una princesa judía. Se casó con Filipo y posteriormente con un bisnieto de Herodes el Grande, Aristóbulo de Chalkis. A instancias de su madre, pidió la cabeza de Juan Bautista a Herodes Antipas, cuya benevolencia ganó con su habilidad para la danza.

Salomó/Salomé (catalán); **Xalome**, **Salome** (euskera); **Salomón/Salomé** (gallego)

SALVADOR

18 de marzo

Etimología: Nombre de origen latino, dado que proviene de *salvator*, «salvador».

Historia: En los primeros tiempos del cristianismo fue la denominación propia y exclusiva de Jesús de Nazaret, ya que se consideraba irreverente el uso de Jesús como nombre de pila.

Salvador/Salvadora (catalán); **Gaizka**, **Xabat**, **Xalba/Gaizkane**, **Yaregille** (euskera); **Salvador** (gallego)

SAMANTA

Sin onomástica

Etimología: Nombre femenino cuyo origen es la voz aramea *samantha*, «que escucha».

Historia: Puede afirmarse que hasta la segunda mitad del siglo XX el nombre de Samanta no era conocido en España; sí que era frecuente, en cambio, en los países anglosajones, especialmente en los estados meridionales de Estados Unidos.

Samanta (catalán); **Samanta** (gallego)

SAMUEL

20 de agosto

Etimología: Nombre masculino, derivado del hebreo *shemu-el*, «Dios escucha».

Historia: Profeta y último juez de Israel, de mediados del siglo XI a. C., Samuel salvó a su pueblo del dominio filisteo y gobernó con justicia. Ungió como reyes primero a Saúl y después a David.

Samuel (catalán); **Samel** (euskera); **Samuel** (gallego)

SANTIAGO

3 de mayo (Santiago el Menor)
25 de julio (Santiago el Mayor)

Etimología: Nombre masculino, resultado de la aglutinación de Sant Yago. Yago es una variante de Iacobus (Jacobo), de la que a la vez deriva la forma Iacomus (Jaime).

Historia: Santiago fue discípulo de Jesús y uno de sus doce apóstoles. Hijo de Zebedeo y Salomé y hermano del apóstol y evangelista Juan, Santiago el Mayor fue muy querido por Jesucristo. Su carácter temperamental le valió el calificativo de «hijo del Trueno». Predicó el evangelio hasta el año 43/44, cuando por orden de Herodes Agripa fue decapitado. Santiago es considerado el primer mártir de los apóstoles. La leyenda narra que unos monjes llevaron sus restos a Galicia, donde los enterraron. Su tumba cayó en el olvido hasta que un día se vio brillar una estrella sobre un campo, la cual marcaba el punto donde se hallaba la tumba del santo. Ese lugar recibió el nombre de *campus stellae*, a partir del cual se desarrolló el topónimo Santiago de Compostela, en la provincia de A Coruña, que se convertiría con el tiempo en uno de los centros de peregrinaje más importantes a escala mundial.

Patrón: De España, de los peregrinos, farmacéuticos, drogueros, sombrereros, cereros, fabricantes de cadenas; de las manzanas y los frutos del campo y contra el reúma

Santiago (catalán); **Jakes, Jacobe, Yakue, Xanti, Jagoba** (euskera); **Santiago** (gallego)

SARA

13 de julio (Sara, esposa de Abraham)

Etimología: Nombre femenino, del hebreo *saray*, «princesa».

Historia: Como recoge el Génesis del Antiguo Testamento, Sara fue la mujer de Abraham, primer patriarca del pueblo hebreo. Su nombre de nacimiento fue Sarai, pero Yavé se lo cambió por el de Sara («princesa») al comunicarle que, a su anciana edad, sería madre de reyes. En efecto, Sara tuvo a Isaac y se convirtió así en madre de todas las tribus de Israel.

Sara (catalán); **Sara** (gallego)

SAÚL

Etimología: Nombre masculino que deriva del hebreo *sha-ul*, «deseado, elegido».

Historia: Saúl fue ungido como rey por Samuel y es considerado el primer monarca israelita. Como tal, llevó a cabo la unificación de las tropas de Israel frente a los filisteos, aunque en sus campañas únicamente consiguió triunfos parciales.

Saül/Saula (catalán); **Saúl, Saulo/Saula** (gallego)

SEBASTIÁN

20 de enero (Sebastián, santo)
25 de febrero (Sebastián de Aparicio, santo)

Etimología: Nombre procedente de la voz griega *sebastós*, cuyo significado es «venerable».

Historia: Procedente de Milán, era soldado de la guardia personal del emperador Diocleciano quien, cuando se enteró de que era un cristiano, lo mandó apresar para posteriormente ejecutarlo. Irene, una viuda cristiana, comprobó que aún vivía y se lo llevó a su casa para cuidarlo. Una vez recuperado, Sebastián se presentó ante el emperador para denunciar la cruel persecución a la que sometía a los seguidores de Cristo. Una vez más Diocleciano ordenó su muerte: acabaron con su vida en un circo romano. Una cristiana llamada Lucía recuperó su cuerpo e hizo que lo enterraran en la Vía Apia, en el punto donde hoy se alza la basílica que lleva su nombre.

Patrón: De los moribundos, soldados, estañeros,

comerciantes de hierro, curtidores, jardineros, armeros; en las heridas y contra las enfermedades del ganado

Sebastià/Sebastiana (catalán); **Sebasten/Sebastene** (euskera); **Sebastián/Sebastiana** (gallego)

SÉFORA

Sin onomástica

Etimología: Nombre femenino que proviene del término hebreo *tsippora*, «ave».

Historia: Séfora, como se recoge en el Antiguo Testamento, fue la mujer de Moisés, el encargado por Yavé de guiar al pueblo de Israel hasta la tierra prometida.

Sèfora (catalán); **Séfora** (gallego)

SELENE

Sin onomástica

Etimología: Nombre femenino cuyo origen es la voz griega *selena*, «luna», que a su vez procede del término *selas*, «luz».

Historia: Diosa griega de la luna, hija de Hiparión y de la titánide Tía.

Selena (catalán); **Selene** (gallego)

SERAFÍN/SERAFINA

14 de enero (Serafín de Sarow, santo)
12 de octubre (Serafín de Montegranaro, santo)

Etimología: Del hebreo *serafim*, «ángeles alados», en referencia a los espíritus bienaventurados que forman el primer coro. Sin embargo, hay quien postula que procede de *serafim*, plural de *seraf*, «serpiente», en alusión a las del Arca de la Alianza.

Historia: De origen italiano, Serafín fue pastor antes de entrar en 1557 en la orden de los capuchinos como hermano lego. En los diferentes monasterios en los que estuvo destacó por su carismática personalidad y por el poder de curar enfermedades y obrar milagros. Murió el 12 de octubre de 1604 en Ascoli Piceno.

Serafí/Serafina (catalán); **Serapin/Serapine** (euskera); **Serafín/Serafina** (gallego)

SERGIO

8 de septiembre (Sergio I, santo)
25 de septiembre (Sergio Radonez, santo)
7 de octubre (Sergio, santo junto a Baco)

Etimología: Derivado de la voz latina *sergius*, «guardián», era el nombre de una *gens* romana.

Historia: Sergio I, papa de origen sirio nacido en Sicilia, ha pasado a la historia por ser el artífice de la separación política y religiosa entre Oriente y Occidente, al rechazar alguno de los decretos del concilio celebrado en Trullo, Constantinopla.

Sergi (catalán); **Sergi** (euskera); **Serxio** (gallego)

SHEILA

Sin onomástica

Etimología: Nombre femenino, procedente de la forma irlandesa Sile, que a su vez deriva de Cecily. Su significado es «celestial».

SILVIA

3 de noviembre

Etimología: Nombre procedente de la forma latina *silvius*, «de la selva».

Historia: Madre de Gregorio Magno, al morir su esposo se trasladó al Aventino de Roma, cerca del monasterio de San Andrés, que su hijo había mandado erigir en el palacio familiar. Se sabe que desde su retiro hacía que llevaran a su hijo hortalizas y verduras de su huerta.

Patrona: De Palermo

Sílvia/Silvi (catalán); **Silbi/Silbe** (euskera); **Silvia/Silvio** (gallego)

SIMÓN

16 de mayo (Simón Stock, santo)
28 de septiembre (Simón de Rojas, santo)
28 de octubre (Simón Zelotes, apóstol)

Etimología: Variante de Simeón utilizado en el Antiguo Testamento.

Historia: Simón se llamaba el apóstol al que Jesús bautizó como Pedro y también otro de sus discípulos principales, Simón Zelotes. Antes de seguir al Mesías, Simón pertenecía a la comunidad de los zelotes (grupo religioso del pueblo judío caracterizado por la rigidez de su integrismo religioso). Destinó su vida a anunciar la fe cristiana y a las misiones. Murió como un mártir junto a san Tadeo en el año 71.

Simó/Simona (catalán); **Ximun/Simone** (euskera); **Simón/Simona** (gallego)

SIRO/SIRA

9 de diciembre (Siro de Pavía, santo)

Etimología: Nombre procedente del término latino *syrus*, «de Siria».

Historia: Siro fue a principios del siglo IV obispo de Pavía, en cuya catedral se conservan sus reliquias.

Patrón: De Pavía

Sir/Sira (catalán); **Sir/Sire** (euskera); **Siro/Sira** (gallego)

SIXTO

28 de marzo (Sixto III, santo)
3 de abril (Sixto I, santo)
7 de agosto (Sixto II, santo)

Etimología: Nombre de origen latino, dado que procede de *sixtus*, «sexto».

Historia: De origen griego, Sixto II ocupó la cátedra de San Pedro a partir del año 257. Reanudó las relaciones con los obispos africanos y del Asia Menor, que se habían deteriorado tras la disputa sobre la repetición del bautismo de los herejes. Murió asesinado el 6 de agosto de 258 mientras celebraba un oficio religioso en las catacumbas de Calixto.

Patrón: De las mujeres embarazadas, para la maduración de las uvas y contra el dolor de garganta
Sixte/Sixta (catalán); **Sista/Siste** (euskera); **Sisto/Sista** (gallego)

SOFÍA

15 de mayo (Sofía de Roma, mártir)

Etimología: Nombre derivado del griego *sophia*, «sabiduría».

Historia: La vida de Sofía posee tintes legendarios: era una viuda procedente de Milán que llegó a Roma acompañada de sus tres hijas: Fe, Esperanza y Caridad. En la capital romana las cuatro mujeres padecieron el martirio. Este último dato no es aceptado por todos: a quien afirma que las que murieron fueron las tres hijas y que Sofía, después de enterrarlas y pasado un tiempo, murió de muerte natural.

Patrona: De las viudas
Sofia (catalán); **Sope** (euskera); **Sofia** (gallego)

SOLEDAD

Viernes Santo
11 de octubre (María Soledad, santa)

Etimología: Nombre femenino, advocación de Nuestra Señora de la Soledad, alusivo a la soledad de la Virgen durante la pasión de Jesucristo.

Historia: María Soledad, nacida en Madrid el 2 de diciembre de 1826, fundó en España la congregación de las Doncellas de María Siervas de los Enfermos para la atención de las personas enfermas y la dirigió hasta su muerte, acaecida el 11 de octubre de 1887.

Hipocorísticos: Sol, Sole
Soledad (catalán); **Bakarne** (euskera); **Soiedade** (gallego)

SONIA

25 de mayo

Etimología: Nombre femenino,
Hipocorístico: Ruso, de Sofía.
Sònia (catalán); **Xonia** (euskera); **Sonia** (gallego)

SONSOLES

Etimología: Nombre femenino, considerado una deformación de las palabras «san Zoilo».

Historia: Advocación de Nuestra Señora de Sonsoles, cuyo santuario se halla en la provincia de Ávila.

Patrona: De Ávila

SUSANA

11 de agosto (Susana de Roma, santa)

Etimología: Nombre femenino procedente de la voz griega *susan*, cuyo significado es «lirio».

Historia: Circulan dos versiones de la vida de esta santa romana: la primera explica que fue una joven que, tras negarse a casarse con el hijo del emperador Diocleciano, fue asesinada en su casa; en el lugar de su supuesto martirio se alza la iglesia de Santa Susana. La segunda hace referencia a una Susana que, con sus donaciones, financió la construcción del citado templo romano.

Patrona: De Roma, contra la desgracia y las calumnias y para la lluvia

Sussana, **Susagna** (catalán); **Xusana** (euskera); **Susana** (gallego)

T

cualidad como la belleza, la jovialidad, el esplendor o el buen gusto, aunque no está del todo clara la relación entre las diosas y los atributos. Las Gracias presidían los banquetes, las danzas y todas las actividades y celebraciones placenteras. Se creían que tenían la capacidad de dotar a los hombres de la genialidad necesaria para ser un excepcional artista.

Variantes: Talia, Talía

TADEO

24 de octubre (Tadeo McCarthy, obispo)

Etimología: Nombre masculino que proviene del latín *thaddeus*, que a su vez procede del hebreo y que se traduce por «el que alaba», «el que confiesa».

Historia: Tadeo McCarthy nació en Irlanda en 1455. Fue obispo de Ross, Cork y Cloyne. Tras una visita a Roma, murió en el viaje de regreso a Irlanda, el 24 de octubre de 1492. En 1895 fue beatificado por el papa León XIII.

Tadeu (catalán); **Tada** (euskera); **Tadeo** (gallego)

TAMARA

1 de mayo

Etimología: Nombre femenino que procede del hebreo *thamar*, que significa «palma», «palmera».

Historia: Según el Antiguo Testamento, Tamara era hija de David. Fue violada por su hermano Amnón y más tarde vengada por otro de sus hermanos, Absalón.

Tàmar, **Tamar**, **Tamara** (catalán); **Tamara** (gallego)

TALÍA

Sin onomástica

Etimología: Nombre femenino de origen griego, procede del término *talien*, que se traduce por «florecer».

Historia: Talía, Eufrosine y Anglae, hijas de Zeus y Eurymone, son las tres Gracias. A cada una de estas diosas le correspondía una

TATIANA/TACIO

12 de enero (Tatiana [o Taciana] de Roma, santa y mártir)

Etimología: Tatiana es la forma eslava de Taciana (gentilicio de Tacio), que deriva del latín *tatius*, que significa «rey de los sabinos».

Historia: Aunque son muy escasos los datos que se tienen sobre la biografía de esta santa del siglo III, se sabe que fue martirizada a consecuencia de sus creencias cristianas en el año 226 d. C.

Hipocorístico: Tania

TECLA

23 de septiembre (Tecla, santa)

15 de octubre (Tecla de Kitzingen)

Etimología: Nombre femenino que procede del griego *théos-kleos*, que significa «Gloria de Dios».

Historia: Según la tradición, santa Tecla fue convertida al cristianismo por Pablo. Condenada a morir en el fuego, sobrevivió milagrosamente y partió con Pablo a Antioquia, como evangelizadora. Allí fue denunciada por un hombre al que rechazó y fue arrojada a los toros, pero también milagrosamente logró salvarse. Murió de muerte natural en su ciudad natal a los 90 años. Santa Tecla es muy venerada en Oriente así como en Alemania y en España (Tarragona).

Patrona: De los moribundos; contra las enfermedades de la vista, los peligros del fuego y la peste

Tecla (catalán); **Tekale** (euskera); **Tegra** (gallego)

TELMO/TELMA

15 de abril (Telmo, santo)

Etimología: Nombre masculino y femenino que procede del griego *helm*, «yelmo», «casco» y por extensión «protección». El nombre de Elmus dio origen al nombre Telmus.

Historia: Pedro González ha sido venerado hasta nuestros días como san Elmo, y en España como san Telmo. La leyenda explica que don Pedro cabalgaba por la ciudad cuando fue derribado por su caballo. En esa situación fue objeto de burlas y mofa y volvió avergonzado a su casa. Dolido por la reacción de sus semejantes, decidió alejarse del mundo que conocía. Poco después ingresó en la orden dominicana y fue confesor y consejero del rey de Castilla Fernando III.

Patrón: De la marina, los marineros, los pescadores; contra los peligros del mar, tormentas y terremotos

Telm (catalán); **Telmo** (gallego)

TEODORO/TEODORA

7 de febrero (Teodoro de Heraclea, santo)

17 de febrero (Teodoro de Anaclea, santo)

11 de noviembre (Teodoro Estudita, santo)

Etimología: Nombre que proviene del griego *theodoros*, que significa «don de Dios».

Historia: Teodoro de Euchayta está considerado uno de los grandes mártires de Oriente. Su legendaria vida cuenta que fue soldado en el ejército de Maximiano en Asia Menor a principios del siglo IV. Cuando se iniciaron las persecuciones contra los cristianos, se confesó cristiano practicante. Le fue concedido un tiempo de reflexión para cambiar de parecer, pero en lugar de ello prendió fuego a un templo pagano. Después de ser torturado durante varios días, fue quemado vivo en el año 306.

Patrón: Del tiempo, de los viticultores, del ganado, de las campanas

Hipocorísticos: Doro, Doroteo, Teo, Dora, Dorotea

Teodor (catalán); **Todor** (euskera); **Teodoro** (gallego)

TERESA

1 de octubre (Teresita del Niño Jesús, santa))
15 de octubre (Teresa de Ávila, santa)

Etimología: De origen no confirmado, este nombre puede proceder de los términos griegos *therasia*, que significa «cazadora», o *tharasia*, «nativa de Thera». También puede ser la forma femenina de *tharesios*, compuesto germánico formado por las partículas *thier*, «querido» y *sin*, «fuerte».

Historia: El uso de este nombre se popularizó en España gracias a la persona de santa Teresa de Jesús, una de las figuras femeninas más influyentes en el mundo cristiano.

Patrona: De España, de las sociedades carmelitas y las crisis espirituales; contra las enfermedades de la cabeza y el corazón

Hipocorísticos: Maite, Sita, Tere, Teresiana, Tesa, Tesi, Tessa

Teresa (catalán); **Terese, Trexa** (euskera); **Tareixa, Tereixa** (gallego)

TIMOTEO

26 de enero (Timoteo, santo)

Etimología: Nombre que procede del griego *timáotheós*, que significa «amor a Dios».

Historia: Timoteo de Listra (Asia Menor), hijo de padre pagano y madre judía, se convirtió al catolicismo cuando conoció al apóstol Pablo. Su relación con Pablo fue muy estrecha y prueba de ello es que dos de las cartas pastorales del apóstol están dirigidas a Timoteo.

Patrón: Contra las enfermedades del estómago

Hipocorísticos: Teo (masculino); Tea (femenino)

Timoteu/Timotea (catalán); **Timota/Timote** (euskera); **Timoteo/Timotea** (gallego)

TIRSO

28 de enero (Tirso, mártir)

Etimología: Nombre masculino que procede del latín *thyrsus*, que a su vez se deriva del griego *tirsos*, que se asocia a Dionisos.

Historia: Según la información hallada en una piedra descubierta en Tréveris, Tirso fue un mártir cristiano de origen español que fue perseguido en 250 por Decio. Sus reliquias fueron trasladadas a la ciudad de Toledo, considerada su ciudad natal.

Tirs (catalán); **Tirso** (gallego)

TOBÍAS

2 de noviembre (Tobías, santo y mártir)

Etimología: Nombre masculino que proviene del hebreo *tobiyyahu*, formado por el adjetivo *tob*, «bueno» y el nombre de Dios *Yahvé*. El nombre de Tobías se puede traducir, por tanto, por «Dios es bueno».

Historia: Parece ser que Tobías era un soldado del ejército romano que se convirtió al catolicismo. Por tal motivo fue encarcelado y torturado en diversas ocasiones; pero dichas torturas no hicieron más que acrecentar su fe.

Tobies (catalán); **Tobi** (euskera); **Tobías** (gallego)

TOMÁS

28 de enero (Tomás de Aquino, santo)
22 de junio (Tomás Moro, santo y mártir)
3 de julio (Tomás, santo)

Etimología: Este nombre proviene del arameo *thoma*, que significa «gemelo», «mellizo».

Historia: Tomás fue pescador antes de convertirse en uno de los doce apóstoles. A menudo se le conoce con el sobrenombre de «el incrédulo» porque al no hallarse presente el día de la Resurrección de Cristo dudó de su veracidad.

Patrón: De los dominicos, las escuelas católicas, los estudiantes universitarios, los libreros, los teólogos; contra las tormentas

Hipocorísticos: Tom, Tomaso (masculinos); Tomasa (femenino)

Tomàs (catalán); **Toma, Tomax** (euskera); **Tomás** (gallego)

TRINIDAD

El domingo después de Pentecostés

Etimología: Nombre cuya única forma puede ser femenina y masculina que procede del latín *trinitas*, que significa «reunión de tres».

Historia: En el cristianismo la Trinidad representa la reunión de las tres formas de Dios: Padre, Hijo y Espíritu Santo. La festividad de la Santa Trinidad está consagrada al descenso del Espíritu Santo sobre los Apóstoles en el cincuentavo día después de la resurrección de Cristo.

Hipocorístico: Trini

Trinitat (catalán); **Irune** (euskera); **Trinidade** (gallego)

TRISTÁN

15 de junio

Etimología: Nombre masculino de origen céltico, cuya procedencia se asocia al término *drystan*, de *drest* o *drust*, que significa «ruido» o «pacto», así como al término *trwst*, que se traduce por «mensajero».

Historia: Nombre del héroe de la famosa leyenda medieval bretona *Tristán e Iseo*, en la que se narra el infeliz amor de sus protagonistas.

Tristany (catalán); **Tristán** (gallego)

U V W

ULISES

Sin onomástica

Etimología: Nombre masculino que procede del latín *ulysses*, que a su vez es una latinización del griego *odysseus*, que significa «estar enfadado».

Historia: Ulises es el protagonista de *la Odisea*, escrita por Homero en el siglo IX a. C., y convertida en un clásico de la literatura universal. En ella, Homero narra las aventuras del mítico rey de Ítaca, que regresa a su patria después de superar muchas vicisitudes. Allí se reúne con su fiel esposa Penélope y su hijo Telémaco.

Ulisses (catalán); **Ulises** (gallego)

ÚRSULA

21 de octubre (Úrsula, santa y mártir)

Etimología: Nombre femenino que proviene del latín *ursus* que significa «oso», en este caso *ursa*, diminutivo de «osa».

Historia: Cuenta la leyenda que Úrsula era hija del rey cristiano de Cornualles. El hijo del rey pagano Eterio quiso casarse con ella, pero Úrsula se opuso alegando que había hecho voto de castidad. Para evitar que ambas casas reales se enemistaran, animó a su pretendiente a que la esperara tres años durante los cuales podía convertirse al cristianismo y tener así alguna opción en sus propósitos. Pasado ese tiempo y para evitar el enlace, Úrsula se embarcó con once mujeres en una nave que llegó arrastrada por las corrientes hasta Flandes. Desde allí se encaminaron a la ciudad de Colonia, donde fueron asesinadas por los paganos que tenían sitiada la ciudad. A lo largo de los siglos la leyenda se ha ido alimentando con detalles que no han hecho más que contribuir a la veneración de esta santa, y precisamente esa leyenda y tal vez un error de lectura se han encargado de convertir a las once acompañantes de santa Úrsula en «once mil vírgenes».

Patrona: De la juventud, los niños enfermos; para conseguir una buena boda y un buen matrimonio así como una muerte tranquila

Variante: Ursulina

Úrsula (catalán); **Urtsule** (euskera); **Úrsula** (gallego)

VALENTÍN/VALENTINA

14 de febrero (Valentín de Terni, santo)

Etimología: Nombre de origen latino, patronímico de *valens*, «fuerte, saludable».

Historia: San Valentín fue obispo de la localidad italiana de Terni, donde murió como mártir en el año 268. El dato más destacado de su vida y el que le ha otorgado fama, era su costumbre de regalar ramos de flores de su jardín a las jóvenes parejas de novios. De ahí que se halla instaurado el día de San Valentín como el de los enamorados, en el que los tocados por las flechas de Cupido se intercambian regalos.

Patrón: De la juventud, para una buena boda, contra la epilepsia y los desmayos

Valentí/Valentina (catalán); **Balendin/Balendiñe** (euskera); **Valentín/Valentina** (gallego)

VALERIO/VALERIA

29 de enero (Valerio de Tréveris, santo)

14 de junio (Valerio de Soissons, santo)

9 de diciembre (Valeria de Limoges, santa)

Etimología: Nombre procedente de la voz latina *valerius*, «sano, fuerte, robusto».

Historia: Obispo de Tréveris desde mediados del siglo III, Valerio sucedió en el cargo a Eucario.

No se conoce con exactitud la fecha de su muerte, pero sí se sabe que está enterrado junto a su predecesor en Tréveris, concretamente en la iglesia de San Matías.

Valeri (catalán); **Baleri** (euskera); **Valerio** (gallego)

VANESA

8 de diciembre

Etimología: Nombre de mujer, acrónimo creado por Jonathan Swift, autor de *Los viajes de Gulliver*, para Esther Vanhomrigh, tomando la primera sílaba del nombre «Es» y la primera de su apellido «Van».

Vanesa (catalán); **Vanesa** (gallego)

VEGA

Etimología: Nombre femenino, advocación de Nuestra Señora de la Vega.

Historia: En España son diversos los santuarios en los que se venera la imagen de la Virgen de la Vega (Moraleja, Haro, Toro...); todos ellos, no obstante, coinciden en estar situados en una zona de tierra baja, llana y muy fértil.

VERÓNICA

4 de febrero (Verónica, santa)

9 de julio (Verónica Giuliani, santa)

Etimología: Nombre femenino, procedente del griego

vera-eikón, «verdadera imagen», en alusión al episodio de la Vía Dolorosa.

Historia: Verónica fue una matrona de Jerusalén que se acercó a Jesús en el camino al Calvario y le secó la cara con un paño, en el que quedó impreso el rostro doloroso del Mesías.

Verònica (catalán); **Beronique** (euskera); **Verónica** (gallego)

VICENTE / VICENTA

22 de enero (Vicente de Zaragoza, santo)
27 de septiembre (Vicente de Paúl, santo)

Etimología: Nombre derivado de la voz latina *vicens*, que quiere decir «vencedor».

Historia: San Vicente de Paúl dedicó su larga vida a la evangelización de los más desfavorecidos: los campesinos, los reos, niños abandonados, soldados enfermos, etc.

Vicenç, **Vicent/Vicenta** (catalán); **Bingen**, **Bikendi/Bixenta** (euskera); **Vicenzo**, **Vicenzio/ Vicenza**, **Vicenzio** (gallego)

VÍCTOR / VICTORIA

8 de mayo (Víctor de Milán, santo)
21 de julio (Víctor de Marsella, santo)
28 de julio (Víctor I, santo)
17 de noviembre (Victoria de Córdoba, santa)

Etimología: Nombre que proviene del término latino *victor*, cuyo significado es «vencedor».

Historia: Probablemente de origen africano, Víctor I ocupó la silla de san Pedro en el período comprendido entre los años 189 y 199. Su papado se caracterizó por la severidad y la energía con que hizo frente a diferentes cuestiones, entre las que destaca la fijación de la fiesta de pascua.

Variantes: Victoriano/Victoriana, Victorico/ Victorica, Victorino/Victorina, Vitores, Vitorio/Vitoria, Vitricio/Vitricia

Hipocorístico: Viki

Víctor / Victòria (catalán); **Bitor / Bitori** (euskera); **Victor / Victoria** (gallego)

VIOLA

3 de mayo

Etimología: Nombre femenino derivado de la voz latina *viola*, «violeta». Hace referencia a la flor de color morado, de suavísimo olor.

Historia: No se poseen apenas datos de la vida de santa Viola (más conocida con el diminutivo de Violeta): se sabe que vivió en el siglo II en Italia, que adoptó la fe cristiana y que murió a causa de ella como mártir. Su figura se venera especialmente en Verona.

Variante: Violeta

Violeta (catalán)

VIRGINIA

15 de diciembre

Etimología: Nombre derivado del término latino *virginia*, cuyo significado es «virginal».

Historia: Tras enviudar, la genovesa Virginia Centurione Bracelli se dedicó al cuidado de enfermos, ancianos y marginados. Llegó a tener tres casas de acogida que daban cobijo a más de trescientas personas.

Virgini / Virgínia (catalán); **Virxinio / Virxinia** (gallego)

VIVIANA

2 de diciembre (Viviana, santa)

Etimología: Derivado del gentilicio latino *vivus*, que quiere decir «viviente, vital».

Historia: Poco se conoce de la vida de santa Viviana: únicamente que el papa Simplicio (468-473) le dedicó una basílica, restaurada en el siglo XVII por Urbano VIII.

Variante: Bibiana

Viviana (catalán); **Bibiñe** (euskera); **Viviana** (gallego)

WALTER

25 de marzo (Walter de Pontoise, santo)

Etimología: Nombre masculino de origen germánico, procedente del compuesto *wald-hari*, que significa «caudillo del ejército» o «el que gobierna el pueblo».

Historia: San Walter nació en Francia en la primera mitad del siglo XI. Perteneció a la orden de los benedictinos y fue el primer abad del monasterio de Pontoise, al noroeste de París. Tras sus enfrentamientos con el papa se convirtió en un anacoreta.

Patrón: De los viñadores y los presos; contra la fiebre y las enfermedades de la vista

Hipocorístico: Walt

Gualter (catalán); **Wálter** (gallego)

WANDA/VANDA

17-18 de abril

Etimología: Nombre femenino procedente del término germánico *wandeln*, que significa «migrar».

Historia: Según la leyenda, Wanda era hija de Krakus, el fundador de Cracovia. Tras morir este a manos de un dragón, su hijo, también llamado Krakus, ocupó su lugar. Pero en un ataque de celos, su hermano lo asesinó y aunque se convirtió en rey, pronto fue descubierto y se vio obligado a huir de Polonia. El pueblo entonces se acordó de la virtuosa princesa Wanda y en contra de sus costumbres le rogaron que ocupara el trono. Wanda finalmente consintió y reinó en lugar de su padre dando muestras de una gran sabiduría y madurez.

XENIA

24 de enero

Etimología: Nombre femenino que procede de la voz griega *xenos*, «extranjero, huésped», de donde se interpreta como «hospitalaria, que acoge a los extranjeros».

Historia: Hija de un senador romano, santa Xenia partió rumbo a Alejandría con dos esclavas para evitar casarse. Cuando llegó a Mileto compró un terreno y edificó un monasterio de mujeres.

Xènia (catalán)

YAGO

25 de julio

Etimología: Nombre masculino, variante de Iago, forma antigua de Jacobo que, a su vez, originaría Santiago (Sant Yago).

Historia: Yago es un nombre de raigambre cristiana de uso frecuente en los territorios gallego y asturleonés, algo que no ocurre en el resto de la península Ibérica, en la que se observa una clara preferencia por Santiago.

Iago (catalán); **Iago** (gallego)

YAIZA

Sin onomástica

Etimología: Nombre femenino de origen guanche.

Historia: Yaiza es el nombre de un municipio del sudoeste de la isla canaria de Lanzarote que se utiliza con frecuencia como nombre de bautismo en todo el archipiélago.

YARA

Sin onomástica

Etimología: Nombre femenino que procede de la forma tupí, *iara*, que quiere decir «señora».

187

YASIR

Sin onomástica

Etimología: Nombre masculino cuyo origen es el árabe *yasir*, «rico».

YASMINA

Sin onomástica

Etimología: Nombre procedente de la voz árabe *yasmin*, «jazmín», derivado a su vez del persa *yasaman*.

Jasmina (catalán)

YOLANDA

15 de junio

Etimología: Variante de Violante y, como este, nombre femenino derivado de la forma germánica *wioland*, «país rico».

Historia: Sobrina de santa Isabel de Hungría, santa Yolanda fue esposa del rey polaco Boleslao el Piadoso. Su privilegiada posición le permitió dar libre curso a su fervor religioso, lo que se materializó, por ejemplo, en la ayuda a los más necesitados y en la fundación de monasterios. Precisamente llegó a ser abadesa de uno de ellos, el de las clarisas de Gnesen.

Iolanda (catalán); **Iolanda** (gallego)

ZACARÍAS

15 de marzo, 22 de marzo (san Zacarías, papa)
5 de noviembre (Zacarías, padre de Juan Bautista)

Etimología: Nombre masculino que procede del hebreo *zak-har-iah*, que significa «Dios se acuerda».

Historia: La incredulidad de Zacarías ante el anuncio del arcángel san Gabriel de que su esposa Isabel, de avanzada edad, pudiera concebir un hijo hizo que se quedara mudo. Después del nacimiento de su hijo Juan Bautista, Zacarías recuperó el habla.

Zacaries (catalán); **Zakari** (euskera); **Zacarías** (gallego)

ZAÍRA

21 de octubre

Etimología: Nombre femenino de origen árabe cuyo significado es «florecida». Fue inventado por el escritor y filósofo francés Voltaire para la protagonista de su tragedia *Zaïre* y posteriormente sirvió también para dar nombre a una de las óperas del compositor italiano Vincenzo Bellini.

Zaïra (catalán); **Zaíra** (gallego)

ZOÉ O ZOE

2 de mayo (Zoé, santa)

Etimología: Nombre femenino de origen griego que significa «vida».

Historia: Zoé fue una mujer que padeció la

persecución de los cristianos decretada por el emperador Adriano hacia el año 130.

Zoè (catalán); **Zoé** (gallego)

ZOILO/ZOILA

27 de junio

Etimología: nombre que procede del griego y significa «vital».

Historia: Zoilo fue un joven, probablemente nacido en Córdoba a finales del siglo III, que perdió la vida por su fe en el año 304 durante las persecuciones de cristianos en esa zona andaluza.

Zoil, **Zoile/Zoila** (catalán); **Zoil/Zoile** (euskera); **Zoilo/Zoila** (gallego)

ZORAIDA

Sin onomástica

Etimología: Nombre femenino de origen árabe cuyo significado es «graciosa».

Historia: Santa Zoraida fue una doncella mora convertida al cristianismo en la España del siglo XII. Sus creencias religiosas la convirtieron en mártir, pues dio su vida por ellas en Valencia.

Zoraida (gallego)

ZULEMA

Sin onomástica

Etimología: Nombre femenino procedente del árabe que significa «pacífica». Se considera la variante femenina de Salomón, de origen semítico.